직업 선택
학과 선택

**이 책은 당신과 자녀가 자신의 적성에 맞는 직업을
찾아 취업하는 데 큰 도움을 줄 것입니다.**

다수의 청년이 원하는 일자리를 찾지 못하고 있다.
어려서부터 직업에 대한 체계적인 준비가 필요하다.
'진로와 취업' 준비는 중요한 인생 과목이다.

'나는 내가 원하는 직업을 가질 수 있다'

직업 선택
학과 선택

안종수 · 안진표 · 안홍표 · 박슬기 지음

청소년 80% 이상이 진로 결정에 어려움을 겪는다

진로 설계의 모든 것, 한 권에 담다!

바른북스

자료: 학생취업 · 진로의식조사(진로교육 아이의 미래를 열다)

청소년 80% 이상이 진로 결정에 어려움을 겪고 있다.

직업을 먼저 선택하고
학과를 선택하는 것이 순서다.
직업적성검사를 하면 해당 학과가 제시된다.

'커리어넷'(www.career.go.kr) 진로흥미와 적성검사

'고용24'(www24.go.kr) 직업정보

QR 스캔법

핸드폰 화면에서 네이버 N → 검색 ○ → QR 바코드에서 QR 촬영

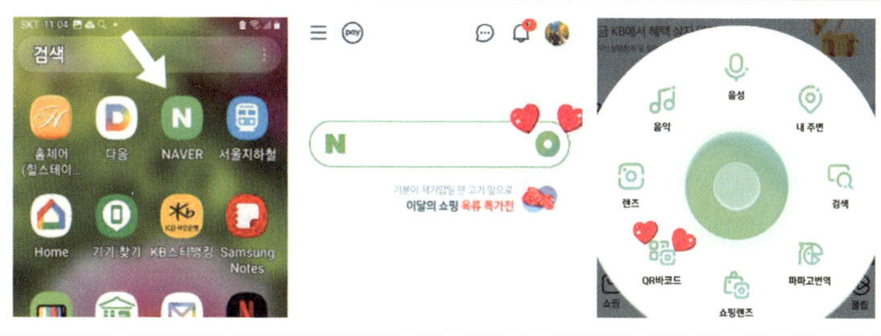

묘목이 제대로 자라야 거목이 되듯이 한 사람의 직업은 어린
시절부터 준비가 필요하다.
대다수 대학 졸업생들이 졸업 후 2년 이상 준비해서 힘들게
취업해도 그중 80%가 3년 이내에 이직이나 퇴사를 하고 있다.
대졸자 400만 명 이상이 구직활동이나 일을 안 하고 있다.
개인적, 국가적으로 너무 큰 손실이고 저출산 문제에 직결된다.

나도 우리나라의 많은 청년들이 그런 것처럼 젊은 시절 10년 넘게 방황했고, 마흔 살이 넘어서야 원하는 직업을 가질 수 있었다. 직업에 대한 안정감이 생긴 이후에는 좀 더 일찍 나의 진로를 결정했다면 어땠을까 하며, 어린 시절부터 장래 직업에 대해 체계적으로 준비하지 못한 것을 몹시 후회했다.

그래서 나는 은퇴 후 가족들과 함께 직업 선택에 관한 연구를 시작했다. 청년들이 직업을 찾는 데 너무 많은 시간과 돈을 낭비하지 않으려면 초등학교 시절부터 자신에 대해 제대로 알고, 직업에 대해 흥미를 가지면서 단계적으로 준비하는 것이 중요하다는 것을 알게 되었다.

하지만 학생들은 어리기 때문에 스스로 미래를 준비하기에는 한계가 있다. 진로와 직업에 대한 준비는 묘목에 지지대가 필요하듯이 학교 선생님과 부모님의 관심과 지도가 필요하다. 나는 이러한 메시지를 전하기 위해 이 책을 집필하게 되었다.

**내 적성에 맞는 직업을 적극적으로 찾아 몰두하면
성공하고 행복한 인생을 누릴 수 있다.**

초·중학교 시절부터 자신의 진로와 직업에 깊은 관심을 가지고, 탐색하고 준비하면 성공할 가능성이 그만큼 높아지게 된다. 일찍 일어나는 새가 벌레를 잡아먹듯이 준비는 빠를수록 좋고, 더 큰 삶의 만족감을 얻을 수 있다.

학생들은 중·고등학교에서 '진로와 직업' 과목을 학습한다. 그러나 대부분의 학생들은 진지하게 자신의 미래를 그려볼 생각과 여유가 없다. 눈앞에 닥친 과제를 해결하기에도 벅차다. 그래서 자신의 미래 직업 선택의 중요성을 충분히 느끼지 못하는 것이 현실이다.

직업 선택에는 선생님과 학부모의 협력적인 도움이 꼭 필요하다.

‘진로와 직업’ 과목을 아이들이 다른 과목처럼 단순히 학교에서 배우는 하나의 교과목으로만 여기거나, 부모가 자녀의 미래 직업 선택에 지나치게 간섭하면 오히려 아이의 직업 선택에 큰 오류를 범할 수 있다. 묘목에 지지대를 너무 꽉 조이면 나무가 자라지 못하는 것처럼 말이다.

농사에서 씨앗을 제 시기에 뿌리지 못하거나,
잘못된 장소에 뿌리거나,
뿌린 후에 충분하게 보살피지 못하면
식물이 제대로 자라지 못한다.
자녀 일생 직업도 식물의 파종과 보살핌처럼
올바른 방법과 시기를 놓치지 않아야 한다.

학생도 자신과 주변 환경을 충분히 이해하고

세상의 변화를 살피면서 자신의 적성과 흥미에 맞는 직업 선택에 관심을 가지고 빠르게 변하는 세상의 조류에도 적응해야 한다.

청년의 제대로 된 취업은
개인적인 삶의 질, 가치관, 배우자 선택에 큰 영향을 미친다.
국가적으로도 결혼과 인구문제에 직결되는 국가 존립 초석이다.

한국직업능력개발원의 ‘대졸자 직업 이동 경로 조사’ 분석에 따르

면, 대학 진학 시 적성과 흥미에 맞는 전공을 선택하지 않고 성적
에 맞춰 전공을 선택하는 경우가 30% 이상이라고 한다. 상당수의
고등학교 졸업생들이 미래 진로나 직업에 대한 명확한 계획 없이
대학에 진학하기 때문에, 졸업 후 전공과 무관한 직업을 선택하는
경우가 50%를 넘는다. 이로 인해 취업 직후 이직과 퇴직을 고민하
게 되는 경우가 많다.

직업 선택과 더불어 꼭 필요한 것이 있다.

나무가 잘 자라려면 좋은 토양이 필요하듯, 사람도 직업에서 성
공하려면 좋은 사회성과 인내심이 기본이다.

사회성과 인내심은 사회생활에서 매우 중요하다. 어릴 때부터 사
회성의 핵심인 좋은 인간관계를 몸으로 익히고, 어려움을 견딜 인
내심을 기르는 것은 미래 직업에서 큰 성공과 행복을 보장하는 두
가지 중요한 요소다.

이 책을 통해 자녀의 미래 진로와 직업을 걱정하는 초·중·고등
학교 학부모, 학생, 그리고 대학생들에게 **원하는 직업을 찾아가는
과정과 방법을 제시하고자 한다.**

중요한 것은 **'나는 내가 원하는 직업을 가질 수 있다'**라고 믿고 그
길로 자신 있게 나아가는 것이다.

읽기에 그치는 것이 아닌 **단계별 실행**을 위한 책이다.
아이 또는 당신 자신의 적성·흥미에 맞는 직업을 갖기 위해

· 자신 진단을 위한 직업적성·흥미·인맥·환경 등 검사 방법
· 직업정보와 자격증 취득, 교육훈련에 관한 정보를 정리
· 성공적인 진로 선택과 대학 생활 방법으로
· 취업·창업방법에 도달하는 수단과 방법을 제안한다.

이 책의 목적은 신뢰성 높은 공공웹사이트를 주로 활용해서 진로 설정과 취업에 이르는 과정(Road Map)을 성공적으로 성취하도록 실질적이고 순차적인 방법을 제시하는 데 있다.

〈그림 1〉 내가 원하는 직업을 가지려면 절차가 있다

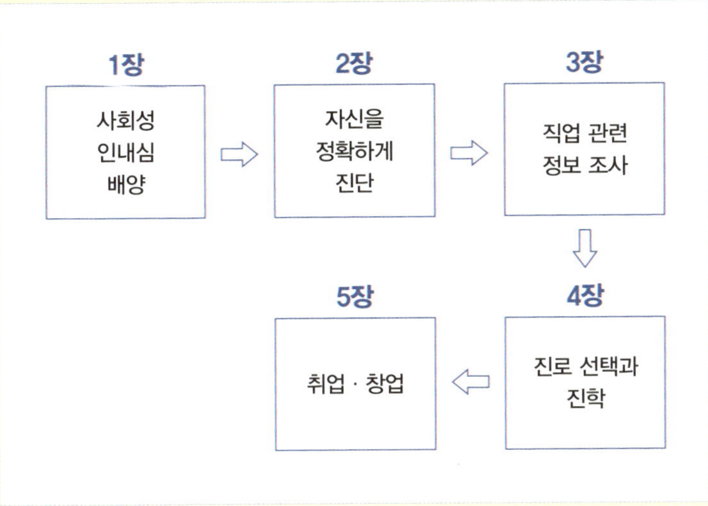
1장
사회성
인내심
배양
2장
자신을
정확하게
진단
3장
직업 관련
정보 조사
5장
취업 · 창업
4장
진로 선택과
진학

목 차

1장 행복한 삶을 위한 직업 찾기!

5장 당장 취업이 필요하다면?

6장 취업을 위한 실행계획과 정보

※ 일러두기

· '고용24', '커리어넷' 등 ' ' 안은 웹사이트(누리집) 검색어
· 누리집, 웹사이트, 홈페이지는 편의상 인터넷 주소의 동의어로 사용

이 책에는 많은 누리집(인터넷) 주소가 있다.
· 쉽게 검색하는 방법
 · 누리집(인터넷)은 검색창에 한글명(예: '커리어넷')으로 입력,
 · 핸드폰 바탕화면 **Play스토어** 앱에서는 한글명(예: '커리어넷')으로 설치한다.
 · 또는 이 책 내용에 소개된 QR을 스캔한다.

내 직업이 성공할 수 있다는 신념을 갖자.

· 꾸준한 노력은 120%

· 성공한다는 믿음은 100%

· 눈높이는 80%가 성공의 비결

1장

행복한 삶을 위한 직업 찾기!

자신의 재능+노력이 직업 성공과 행복의 길

'직업에서 성공하기'– 1단계

어려서부터
– 자신감
– 사회성
– 인내심을 기른다.

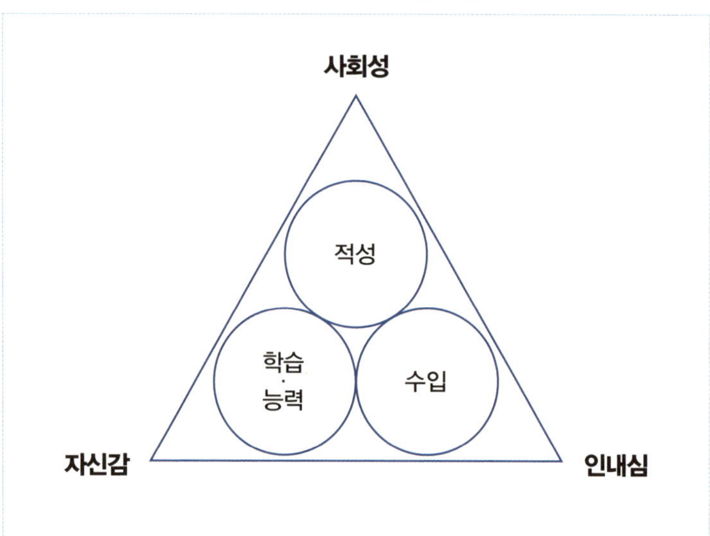

<그림 2> 직업에서 성공하기 위한 3·3 요소

①

아이의 학령별
부모의 관심과 역할

아이의 학령별로 부모가 관심을 가져야 하는 이유는

아이의 신체, 정서, 사회적 발달에 맞는 교육과 적절한 지원을 제공할 필요가 있기 때문이다. 특히, 아이의 재능과 소질을 조기에 발견하면 인격 형성과 미래 직업 선택에 도움을 줄 수 있다.

이를 위해 부모는 다양한 정보와 교육 자원을 활용해야 한다. 학부모 교육에 필요한 정보의 보물창고 중 하나가 경기도의 평생교육포털인 **'경기지식'**(www.gseek.kr)이다. 이 포털에서는 학부모가 알아야 할 주요 정보를 제공한다.

경기지식(https://www.gseek.kr/)

'경기지식'(https://www.gseek.kr/)을 검색하면 아이의 성장 과정 단계별로 **부모가 받아야 할 유용한 강좌**들을 찾을 수 있다. 이를 통해 부모는 학령별로 자녀에게 필요한 교육과 지원을 보다 효과적으로 제공할 수 있다.

'경기지식'(https://www.gseek.kr) **누리집** →

온라인학습 → 부모 · 자녀교육

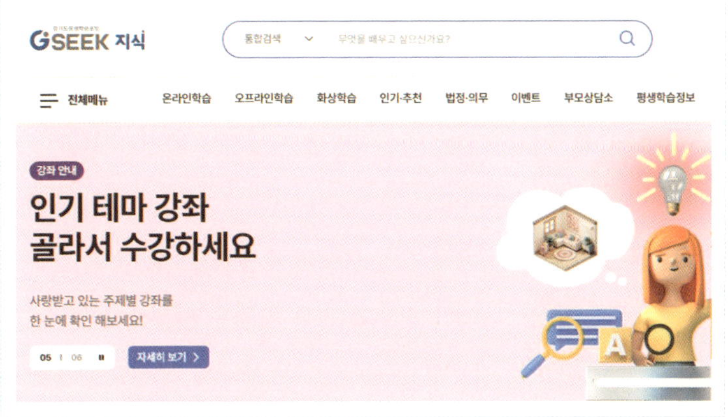

이처럼 '경기지식' 누리집에서는 자녀의 학령에 따라 부모에게 필요한 자녀교육과 진로지도에 관한 소중한 자료를 제공받을 수 있다.

아동기 | 부모교양
초등학생 우리 아이, 어디까지 알고 있나요?

아동기 | 부모교양
슬기로운 부모역할(초등)

자료: '경기지식'(https://www.gseek.kr) 누리집 → 온라인학습 → 부모 · 자녀교육 → 아동기

청소년기 | 생애교육
부모교육(중학생 부모용)

청소년기 | 생애교육
부모교육(고등학생 부모용)

자료: '경기지식'(https://www.gseek.kr) 누리집 → 온라인학습 → 부모 · 자녀교육 → 청소년기

진로와 직업 분야에 관한 아이의 연령별 검사 항목이 있다.

· 초등학교에서는 진로인식,

· 중학교에서는 진로탐색,

· 고등학교에서는 진로설계 그리고

· 대학교에서는 진로선택의 4단계로 진행된다.

이런 검사들은 '커리어넷' 또는 '고용24'에서 언제든지 무료검사를 받을 수 있고 진로상담까지 가능하다.

〈그림 5〉 부모가 알아야 할 자녀 진로지도

자료: '경기지식'(https://www.gseek.kr) 누리집 → 온라인학습 → 부모 · 자녀교육 → 아동기

1388 청소년사이버상담센터

청소년상담복지센터는 전국의 시, 군, 구 240곳에서 운영하고 있다. 주요업무는 상담과 검사, 교육이다.

- 청소년의 일상적 고민 상담
- 가출·학업중단, 인터넷 중독 상담
- 부모교육
- 심리검사(진로상담, 학습방법, 성격, 기타)

상담센터에서 개별 학생은 물론, 부모도 평소에 별문제가 없더라도 동반 방문하여 **심리검사와 진로상담**을 받으면 큰 도움이 된다. 상담과 검사 비용은 무료다.

1388 청소년사이버상담센터 → 청소년상담복지센터

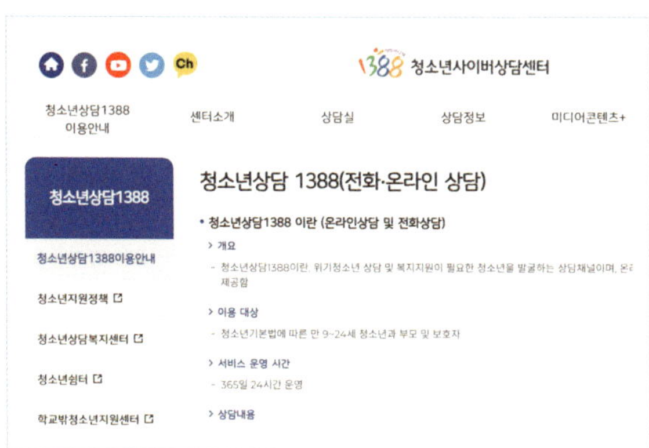

교육전문가 조벽 교수는 부모들이 아이들과 대화로 교육할 때 꼭 알아야 할 몇 가지를 제안하고 있다. 유튜브에서 '조벽 교수 1부, 제발 이 말만은 하지 마세요'를 검색해서 시청할 수 있다. 이 영상은 부모가 자녀에게 평생 지울 수 없는 상처를 주는 언행들을 소개하며 경계하고 있다. 조벽 교수는 자녀가 아무리 어리더라도 부모는 자녀를 인격적으로 존중하고 아껴줘야 한다는 점을 강조한다.

②

사례로 보는
직업 선택의 중요성

1) 약학에 관심이 많았던 A, 회계사 지원을 후회하다

A는 중학교 시절부터 약학에 큰 흥미를 가지고 있었다. 따로 진로적성검사를 받지는 않았지만, 체내에서 약이 작동하는 원리라든지 약이 만들어지는 과정 등을 찾아보면서 미래에 약학을 공부하면 재미있겠다고 생각했다. 수능시험에서 상위권 성적을 받은 A는 원하던 약학 전공으로 진학할 수도 있었다. 그러나 돈을 잘 버는 회계사인 큰아버지의 강력한 권유로 경제학과에 진학하게 되었고, 대학 시절 많은 시간을 회계사 시험공부에 할애했다.

회계사 시험에서 몇 번의 낙방 끝에 A는 자신이 진정으로 회계사를 원하는지 고민하게 되었고, 결국 회계사는 자신의 길이 아님을 깨닫는다. 이후 A는 약학전문대학 시험에 응시하여 늦은 나이에 약대에 진학했다. 약대를 졸업한 후 만족스럽게 약사의 길을 걷고 있지만, 자신의 청소년기를 되돌아보면 적성에 대한 확신이 얼마나 중요한지 깨닫는다.

이러한 확신을 가지기 위해서는 적성검사 등 자기 자신을 돌아보는 시간이 매우 소중함을 알게 되었다. A의 경험은 자신의 적성과 흥미를 이해하고 그것을 바탕으로 진로를 선택하는 것이 얼마나 중요한지를 잘 보여준다.

2) 기계생산 공장 사원에서
교사의 꿈을 품다

B는 가정 형편상 취업이 급해서 일반계 고등학교를 다니다가 공업계열 전문대 학과로 전과해서 기계생산 공장에 취업했다.

취업 이후 B는 공장에서 일하는 것이 만족스럽지 않았다. 남들보다 빨리 취업해서 돈은 빨리 벌 수 있었지만, 자신의 적성에는 맞지 않았던 것이다. B는 평소 사람들과 어울리며 대화하고 토론하는 것을 즐긴다. 그래서 자신의 적성에 맞게 교사가 되기로 결심한다. 그렇게 교사로 진로를 바꾼 B는 교사 생활이 자신의 적성에 맞아 늘 즐거운 마음으로 교사 생활에 임했다.

자신의 과거를 돌아보며 B는 학생들의 진로에 큰 관심을 갖게 되었다. 그는 학생들의 진로지도를 열정적으로 했으며, 교육부의 진로지도 과정 연구에도 많은 공헌을 했다. 정년퇴직 후에도 그는 교사로서의 삶이 큰 보람이었고 무척 행복했다고 회고했다.

물론 오늘날 열악한 교육 환경으로 인해 교사들이 많은 어려움을 겪고 있지만, B에게는 교사로서 아이들과 함께한 시간이 최고의 인생이었다고 회고한다.

B의 경험은 자신의 적성과 흥미에 맞는 직업을 찾는 것이 얼마나 중요한지를 보여주며, 학생들의 진로지도를 위해 적성검사와 같은 자기 이해 과정이 필수적임을 깨닫게 해준다.

3) 국악 전공 C,
취업 자리가 없어 가업을 잇다

C는 어릴 때부터 국악에 소질을 타고나 예술대학으로 진학했다. 재학 중에는 대통령상과 전국 대회에서 많은 상을 받았고, 방송에 가끔 출연하기도 했다. 대학교 시절 C는 국악 분야에서 큰 주목을 받았지만, 졸업 후에는 전공을 살릴 수 있는 적합한 일자리를 찾기 어려웠다.

생계유지를 위해 전공과는 전혀 다른 분야인 공인중개사 자격증을 따기도 했으나, 부동산 중개업이 잘되지 않아 결국 아버지가 운영하는 기계 공구상에서 일을 돕게 되었다.

C는 자신의 적성에 맞는 학과에 진학했지만, 생계를 유지할 취업 자리를 찾지 못해 수년간 공들여 전념해 온 국악 부문에서 일하지 못하고 있다.

이 이야기는 자신의 적성과 흥미에 맞는 분야에서 두각을 나타냈음에도 불구하고, 현실적인 취업 문제로 인해 꿈을 계속 이어가지 못하는 안타까움을 보여준다. 이는 학생들이 진로 선택 시 적성과 함께 현실적인 취업 전망도 고려해야 한다는 교훈을 준다.

4) 적성을 늦게 찾은 연구원

J(저자)는 중·고등학교 적성검사 결과 문·이과 성향이 절반씩 나오는 결과를 얻었다. J는 호텔경영이나 보건계열 전공이 적성에 맞을 것으로 생각하고 진로를 생각하고 있었다. 하지만 대학교를 졸업하고 석사과정을 밟으면서 식품화학, 유기화학이 적성에 맞는 것을 발견했다. 박사과정에서는 천연물화학을 전공했는데 적성을 늦게 발견하였기에 그동안 하지 못한 공부를 따라가기 위해서 박사과정을 좀 길게 이어갔다. 부족한 공부를 따라잡아야 했기에 박사 1, 2년 차에는 어려움이 많았다. 만약 적성검사를 좀 더 꼼꼼하게, 그리고 학교에서 실시하는 검사 말고도 스스로 다른 기관의 검사를 받아보고 고민했다면 더 일찍 진로를 결정하고 빠른 성과를

낼 수 있었을 것이다.

5) 적성에 따라 진로탐색에 성공한 사례

H(저자)는 어릴 때부터 영어와 세계에 대한 관심이 매우 많았다. 부모님이 사주신 영어 그림책을 혼자 사전을 찾아가며 읽었고, 『먼 나라 이웃나라』 전권을 손때가 묻을 만큼 열심히 읽곤 했다. 학창 시절에는 교과과정 공부보다는 영어에 더 많은 관심을 보였고, 이로 인해 대학교 입시에서도 영어영문학과를 전공으로 선택했다.

대학에서는 학교 수업보다는 영어를 활용할 수 있는 대외활동에 더 관심을 두었으며, 많은 외국인들과 교류하며 영어 실력을 향상시키고자 했다. 이러한 관심은 진로 선택 시에도 국제 교류와 국제 협력이라는 분야로 이어졌고, 현재는 10년 이상 이 분야에서 활동하고 있다.

H의 이야기는 어린 시절의 관심과 열정이 진로 선택과 직업으로 이어진 좋은 사례다. 영어와 세계에 대한 꾸준한 열정이 그의 삶과 직업에 긍정적인 영향을 미친 것이다.

이 5가지 사례는 직업 선택과 일자리가 자신의 삶에 얼마나 지대한 영향을 미치는지 보여주고 있다. 결국 성공적인 직업 선택이란 자신이 생계를 해결하면서 평생 좋아할 수 있는 직업이어야 한다는 점을 알려준다.

더불어 C의 사례처럼 자신의 적성에 맞는 분야에 종사하려면 일자리뿐만 아니라 본인 생활을 받쳐줄 경제적 수입 대책이 필요하다.

청년 시절의 직업 선택이 평생을 좌우한다는 점을 명심해야 한다.

중학교 3학년에 진로 선택이 끝나는 독일·북유럽 국가

독일과 북유럽 국가에서는 중학교 3학년 시기에 진로 선택이 대부분 완성된다. 따라서 이들 국가는 복지 수준과 개인 생활의 행복 지수가 세계 최상위에 있다. 북유럽 사람들은 평생 직업을 매우 중요시하여, **초등학교 때부터 부모가 자녀의 적성과 학업 상태를 주의 깊게 파악한다.** 늦어도 중학교 졸업 무렵에는 아이의 장래 진로를 결정한다.

이론보다 현장이나 실무에 흥미가 있는 자녀는 중학교 졸업 후 직업계 고등학교에 진학한다. 만약 인문계 고등학교에 진학했더라도, 선생님의 권유가 있으면 자녀의 적성에 맞는 직업계 고등학교로 전학하기도 한다. 이로 인해 자녀는 자신이 좋아하는 분야에서 직업을 가질 수 있다. 직업고등학교 졸업자의 급여가 대학 졸업자

　　　　　　　　　　　　　　　　직업 선택 학과 선택

와 별 차이가 없기 때문에 대학 진학에 대한 집착이 우리나라만큼 크지 않다.

반면, 한국에서는 직업계 학교에 대한 사회적 인식이 낮아 기피 현상이 있다. 그러나 마이스터 고등학교와 특성화 고등학교 등 일부 직업계 고등학교는 중학교 졸업 성적이 우수해야 입학이 가능하며, 졸업 후 취업과 진학이 보장되어 입학 경쟁률이 높다.

이러한 점은 우리나라에서도 직업 교육에 대한 인식을 개선하고, 학생들이 적성과 흥미에 맞는 진로를 선택할 수 있도록 돕는 노력이 필요함을 시사한다. 직업 선택의 다양성과 안정성을 보장하는 교육 시스템이 무엇보다 중요하다.

핵심정리

> 초·중학교부터 자신의 적성에 맞고 흥미가 있는 직업을 찾아 즐기고, 더 나아가 거기에 몰입할 수 있으면 반드시 성공한다. 교사와 부모는 아이가 어릴 때 흥미 있는 분야를 찾아 미래 직업을 준비할 수 있도록 여건을 만들어 줘야 한다.

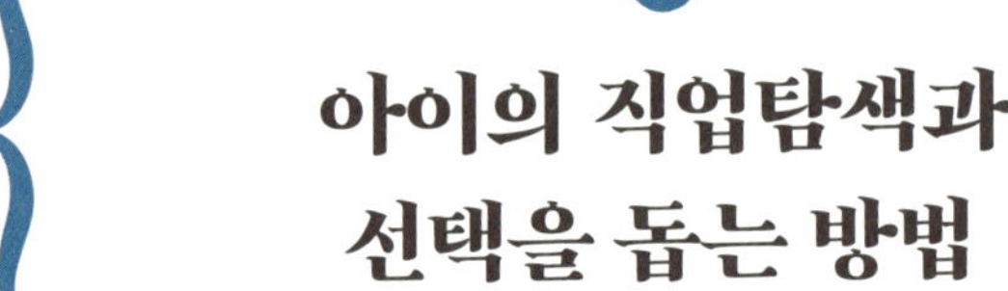

아이의 직업탐색과 선택을 돕는 방법

직업 선택에는 부모와 선생님의 지도와 도움이 절대적으로 필요하다.

한편 학교 **담임선생님은** 매년 바뀌며 직업전문가가 아니라 개별 학생에게 충분한 진로지도를 하기에는 많은 한계가 있으나, 매년 장래 직업 관련 적성검사와 검사 후 아이들 각자에게 **적합한 직업 정보 조사와 자신의 성취계획서 과제**를 부여해서 아이들이 자신의 장래 직업에 관해서 계속 관심과 노력을 갖도록 지지하는 역할이 필요하다.

그리고 **부모는** 아이와 가장 오랫동안 가까이서 생활하며 아이를 잘 알고 있기 때문에 학교의 진로 진도에 맞추어 **아이가 진로계획 을 세워서 잘 이행해 나가는지 살펴보고** 필요한 것을 지지해 주는 지속적 관심과 도움이 매우 중요하다.

부모와 선생님은 전화 또는 통신문을 통해서 의견을 교환하고 아이 뒤에서 한 걸음 물러서 아이가 스스로 자기 진단과 직업을 탐색할 수 있도록 돕는 것이 좋다.

> 누리집 **'커리어넷'**(또는 '고용24')은 자기진단과
> 직업탐색에 매우 유용하다. 여기서는
> 초등, 중등, 고등학교, 대학교와 일반인의
> **적성검사**, 직업과 자격증, 구직 정보뿐만 아니라,
> **개인의 진로상담**, 대학교 학과 정보 등을
> 누구에게나 무료로 제공한다.

반복해서 강조하자면, 부모와 선생님의 역할은 자녀에게 직업 선택 과제와 환경을 충분하게 제공하고 필요한 지원을 해주어 아이가 스스로 진로를 찾아나갈 수 있도록 돕는 것이다.

부모의 지속적인 관심이 필요하다. 아이가 성장하면서 다양한 경험을 통해 자신의 흥미와 적성을 발견할 수 있도록 격려하고, 여러 직업에 대한 정보를 제공하며 필요할 때 적절한 조언을 해주는 것이 중요하다.

부모는 아이의 자율성을 존중하면서도 때로는 방향을 잡아주고, 아이가 직업 탐색 과정에서 겪을 수 있는 어려움을 함께 해결해 나

가야 한다. 이 과정에서 부모의 긍정적인 관심과 지지는 아이에게 큰 힘이 될 수 있다.

이를 위해 부모는 다양한 직업 관련 자료를 준비하고 아이와 함께 직업 체험 프로그램에 참여하거나, 전문가와의 상담을 통해 아이의 진로 선택에 도움을 줄 수 있다.

자녀 관심사와 장점 발견으로
자녀의 자신감 고취하기

어린 시절 자녀의 관심사와 장점을 관찰하고, 그것들을 발전시킬 수 있는 환경을 제공하는 것은 매우 중요하다. 자녀가 특정 시기나 집단에서 어떤 일에 두각을 나타내면, **"너는 정말 당당하고 자신감이 넘치네! 무슨 비결이야?"**라고 아낌없이 칭찬해 주자. 이러한 칭찬은 자녀의 자신감을 크게 고취시킨다.

이를 위해 자녀를 여러 가지 활동과 캠프, 동아리에 참여시켜 다양한 경험을 할 기회를 주는 것이 좋다. 오바마 전 미국 대통령도 대통령이 될 수 있었던 과정에서 가장 중요한 것은 **"늘 자신감을 가지고 행동하는 것"**이라고 말했다. 이처럼 자신감을 키우는 것은 성공적인 삶을 사는 데 큰 도움이 된다.

자녀가 좋아하는 이상적인 인물을 유튜브나 인터넷에서 찾아보게 하고 그 사람의 말투, 행동, 동작, 몸짓을 따라 해보게 하는 것도 좋은 방법이다.

또한, 자녀가 다리를 어깨너비로 벌리고 서서 시선을 들어 가슴을 펴고, 양손을 크게 벌리며 웃는 얼굴로 큰 목소리로 말하는 연습을 하면 자신감이 커진다. 이처럼 신체적 자세와 행동을 바꾸는 것도 자신감을 키우는 데 큰 도움이 된다.

만약 자녀가 자신감이 부족하다면 자주 칭찬하고 격려하는 것이 중요하다. 그리고 자녀보다 약간 어린 또래 아이들과 놀며 리더 역할을 하게 하는 것도 자신감을 키우는 좋은 방법이다. 리더 역할로 자녀의 책임감과 자신감을 동시에 키울 수 있다.

이와 같이 자녀의 관심사와 장점을 발견하고 그것을 발전시키며 다양한 경험을 제공하는 것은 자녀의 자신감을 키우는 데 큰 도움이 된다. 부모의 지속적인 관심과 격려는 자녀가 자신의 가능성을 최대한 발휘하도록 도울 것이다.

: 아이들과 자유스러운 의사소통의 중요성

자녀와의 꾸준한 대화를 통해 그들의 꿈과 희망, 걱정거리 등을 듣고 진로탐색을 함께 해야 한다. 이를 위해 진로 관련 테스트, 직업 체험 프로그램, 진로 상담 등을 활용하여 자녀의 적성과 흥미를 찾아준다. 관심 분야나 희망 직업에 대한 정보를 함께 찾아보고 공유하는 것도 중요하다. 이렇게 하면 자녀가 자신에게 맞는 진로를 더욱 확신하게 된다.

: 실패를 두려워하지 않게 가르치기

실패는 경험의 일부이며 성공으로 가는 과정의 한 단계임을 알려준다. 세상 일이 모두 그렇듯이, 실패는 중요한 배움의 기회다. 자녀에게 실패를 두려워하지 않는 자신감을 심어주자. 실패를 통해 성장할 수 있다는 믿음을 가지게 하는 것이 중요하다.

: 대학교와 전문학교 선택 함께하기

대학 또는 전문학교 선택은 자녀의 흥미, 능력, 가치관을 기반으로 적합한 학과나 학교를 선택할 수 있도록 정보를 함께 찾아보고 지원한다. 이를 위해 대학교와 전문학교를 방문하여 오픈 캠퍼스와 체험 학습 등에 참여하도록 하여 직접 경험하게 한다. 이러한 경험은 자녀가 자신의 선택에 확신을 갖게한다.

: 인턴십이나 알바 경험 지원 및 직업 전문가와의 연결

자녀가 관심 있는 분야에서 인턴십이나 아르바이트를 경험할 수 있도록 도와준다. 또한, 자녀가 관심 있는 분야의 전문가나 선배와 연결될 수 있도록 돕고, 취업 관련 워크숍, 세미나, 일자리 전시회 등의 정보를 제공하여 참여를 권장한다. 이러한 경험은 자녀의 진로 선택에 큰 도움이 된다.

: 취업 후 직장 적응 지원

어렵게 취업한 직장에서 잘 적응하고 직업 생활의 어려움을 극복할 수 있도록 지지와 조언을 제공해 준다. 자녀도 이 시기에 인생과 사회 경험이 풍부한 부모님과 의견을 나누어 지혜를 구하면 큰 도움이 된다. 현재 신입 취업자의 80%가 3년 이내에 퇴사하거나 직장을 옮기고 있다. 이를 방지하기 위해 자녀 취업 이후에 2~3년 동안은 지속적인 지원과 격려가 필요하다.

이 모든 과정을 통해 부모는 자녀가 자신의 꿈을 실현하고, 자신감을 가지고 성공적인 직업 생활을 할 수 있도록 도와줄 수 있다. 자녀와의 열린 대화와 꾸준한 지원은 자녀의 성공과 행복에 큰 밑거름이 될 것이다.

나이별 진로지도 방법 생각하기

: 태아기

태어날 아이는 오감을 통해 산모와 신체적, 정신적으로 소통한다. 전통적 태교와 현대 과학에서는 태아와 산모의 교감을 중요시한다. 부모가 가진 선천적 재능을 고려하여 태아가 장래 희망하는 분야에 어울리는 종류의 독서와 음악을 들으며, 긍정적인 마음으로 태교를 한다. 주변 환경과 분위기를 조성하여 태아의 미래를 생각하면서 긍정적인 태교를 실천한다.

: 유아기와 초등학교 시절

유치원에서는 **아이가 만든 작품**을 중심으로 지도 선생님과 자주 대화하면서 자녀의 관심사와 재능을 발견한다. 초등학교 고학년이 되면 장래 직업에 대한 관심과 흥미를 갖도록 다양한 활동과 경험을 제공한다. 자녀의 성격과 흥미를 이해하여 그에 맞는 활동이나 학습을 권장한다.

미래의 직업체험 교육을 위해 경기도 성남시 분당에 있는 고용노동부의 **'한국잡월드'**를 방문하여 아이들이 미래 직업을 체험하고 직업 흥미 검사를 받을 수 있다.

중학교 3학년 및 고등학교 1학년에는 부모가 자녀와 자주 놀고 즐기며 진로 이야기를 나누는 것이 중요하다. 특히 **아빠의 역할이 중요하다.** 중학교 3학년은 직업계와 인문계 고등학교 진학을 결정해야 하고, 고등학교 1학년은 문과와 이과 계열을 선택하는 중요한 시기이다.

그러나 고1 학생들 대부분이 자신의 능력과 적성은 관계없이 흥미나 주관적인 자기 생각을 바탕으로 결정을 내린다. 부모의 도움이 필요한 이유다. (고용노동부, 고등학생 적성검사 실시요람, 2014)

선생님은 여름방학 동안 학생들이 적성·흥미 검사를 이용해 장래계획서를 만들고 실행하는 과제를 부여하여 확인하고 조언해 준다. 아이들에게 중요한 것은 적성·흥미 검사 결과에서 추천된 직업에 대해 구체적이고 세부적으로 깊이 조사하고, 자신의 미래 생활을 상상하며 구체적인 계획을 세우는 것이다.

또한, 원하는 직업을 갖기 위해 필요한 학습이나 교육 훈련을 받도록 진로와 실행 계획을 세우고 스스로 달성해 나가도록 한다.

부모는 자녀의 의견을 존중하여 자녀가 자신의 흥미, 능력, 가치관을 기반으로 적합한 학과나 학교를 선택하도록 한다. 여기에 자녀가 부모의 인생 경험을 듣고 조언을 받으면 전공 선택에서 후회할 확률이 낮아진다.

부모는 자녀가 관심 있는 관련 분야의 전문가나 선배들과 직업에 관한 의견을 나눌 수 있도록 도와주고, 자녀가 취업 관련 워크숍, 세미나, 직업 전시회(잡페어) 등에 참여할 수 있도록 정보를 제공하고 참여를 권장한다.

: 진로 적성검사

진로 적성검사는 초5, 중3, 고1 시절 여름방학에 한 번씩 하고, 필요시 대학교 1학년 여름방학에 최종적으로 검사하여 직업 선택을 결정할 수 있게 한다.

자신이 선택한 직업을 잘 유지하기 위해서는 초등학교 때부터 사회성, 자신감, 인내심을 길러야 하며, 성인이 되어서도 평생 자기 개발에 적극적이어야 한다.

이와 같은 단계별 체계적인 진로지도는 자녀가 자신의 적성과 흥미를 발견하고, 미래에 대한 명확한 비전을 가질 수 있도록 도와준다. 부모의 꾸준한 관심과 지원이 자녀의 성공적인 진로 선택에 큰 역할을 한다는 점을 기억하자.

초등학교 이전에는 아이의 타고난 특성을 살피고 중학교부터는 스스로 장래 직업을 찾도록 한다.
중3, 고1, 대학교 1학년은 진로 결정에 필요한 적성검사, 자기진단이 필요한 시기이다. 검사 결과 아이가 관심 있는 직업에 대한 정보조사와 필요한 학습 계획을 세워 실행해 나가도록 돕는다.
진로지도는 학부모와 선생님의 가장 중요한 역할이다.

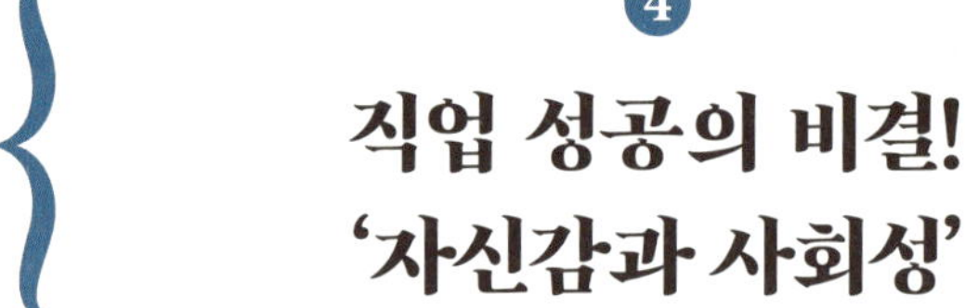

힘들게 취업했는데

첫 직장 3년 내 80% 퇴사

– 『중앙일보』, 2022. 6. 14.

직장인의 **스트레스 원인 1위**는 연봉이 아니라 상사와 동료 간의 **대인관계**라고 한다. 과도한 업무량, 낮은 봉급, 회사의 장래성 불투명 또한 직장 스트레스와 더불어 이직의 주요 원인으로 나타났다.

보스턴대학교에서 7세 어린이 450명을 대상으로 40년 후 사회 경제적 지위를 조사한 결과, 사회적으로 성공한 사람들의 공통적인 특징은 **사회성과 인내심**이었다.

아이의 사회성과 인내심은 **타인과 어울리는 능력, 좌절을 극복하는 태도, 감정을 통제하는 능력**에서 나타난다.

미국 카네기재단에서도 사회적으로 성공한 사람 1만 명을 대상으로 '성공 비결'을 조사한 결과, 기술적 훈련이나 두뇌 훈련이 15%를 차지한 반면, 대인관계 능력은 85%라는 응답이 나왔다.

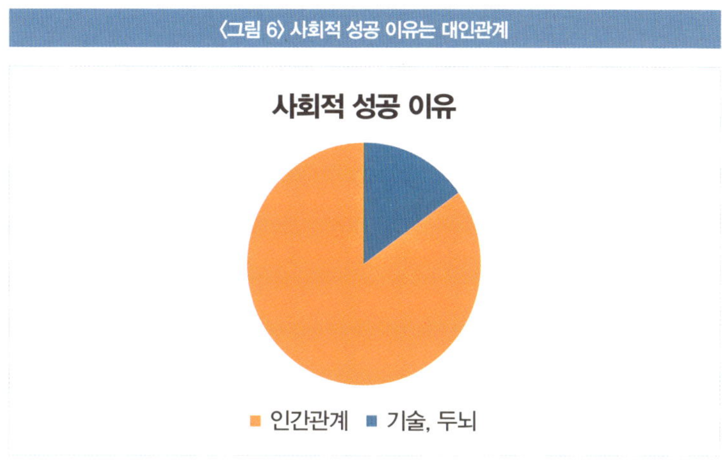

따라서 적성에 맞는 직업을 찾는 것 못지않게 어려서부터 길러야 할 중요한 능력이 있다.

첫째, 자신의 장점을 찾아 자신감을 키워야 한다. 자신감은 성공의 중요한 밑거름이 된다.

둘째, 좋은 인간관계를 위해 필요한 사회성을 길러야 한다. 친구 사이에서 왕따를 당하지 않고, 힘들게 취업한 직장에서는 동료와 상사와 잘 지내야 한다.

셋째, 불편함을 이겨내는 인내심을 키워야 한다. 사회생활에서 악성 소문이나 민원을 견디려면, 사람을 상대하는 능력과 인간관계에서 오는 어려움을 견디어 낼 인내심이 필요하다.

어릴 때부터 사회성과 인내심을 기르는 것은 성인이 되어 직장에서의 스트레스와 어려움을 이겨내는 데 큰 도움이 된다. 이를 통해 아이들이 더 건강하고 행복한 사회생활을 할 수 있도록 돕는 것이 중요하다. 부모와 교육자들이 이러한 덕목을 강조하고 지원해 준다면 아이들은 더 나은 미래를 설계할 수 있을 것이다.

자신감, 사회성, 인내심을 길러주는 방법

첫째, 자신감을 초등학생 이전부터 길러준다

부모는 아이들의 일에 직접 개입하기보다 한 걸음 뒤에서 지켜보며 아이가 스스로 할 수 있도록 돕는 것이 효과적이다. 다음 내용은 그런 방법들 중 몇 가지다.

 직업 선택 학과 선택

긍정적인 피드백

아이가 노력한 점과 성취한 결과에 대해 칭찬하고 긍정적인 피드백을 제공한다. 가령 승부를 겨루는 놀이를 할 때 비록 아이가 이기지 못하더라도, 놀이를 하면서 기울였던 노력과 과정을 칭찬해 주는 것이 좋다. 아이의 노력을 인정하고 격려해 주는 것이 자신감을 키우는 데 큰 도움이 된다.

성공 경험 제공

아이가 감당할 수 있는 적절한 도전을 제공하여 성공 경험을 쌓도록 도와준다. 작은 목표를 설정하고 그것을 달성함으로써 자신감을 키울 수 있다.

관심과 지지

아이의 관심사를 알아보고 그것을 존중하며 지지해 준다. 아이가 자신의 관심사에 열정을 느끼고 자신감을 가질 수 있도록 돕는다.

실패를 긍정적으로 다루기

실패는 성공으로 가는 길의 한 단계일 뿐이다. 아이가 실패를 두려워하지 않고 그것을 배움의 기회로 삼을 수 있도록 도와준다. 실패를 긍정적으로 다루는 방법을 배우면 아이는 더 큰 도전에 직면할 때도 자신감을 잃지 않는다.

모범을 보여주기

자신감 있는 행동을 보여주는 것이 아이에게 큰 영향을 미친다. 부모가 모범적인 행동을 통해 자신감을 보여주면 아이도 이를 따라 하며 자신감을 키울 수 있다. 예를 들어 아이가 평소에 두려워하는 물체가 있어 어떤 공간에 들어가기를 주저한다면 아이를 강제로 이동시키기보다는 부모가 먼저 그 공간에 들어가 편안한 모습을 보여주면 아이도 부모를 따라 두려움을 극복하고 공간에 들어갈 수 있게 된다.

참여와 존중

아이가 자신의 의견이나 생각을 표현할 수 있도록 장려하고 그 의견을 존중해 준다. 만약 가족 여행을 계획하고 있다면 가족 구성원이 모두 모여 여행 갈 곳을 함께 정하는 것을 생각할 수 있다. 이때 아이가 선호하는 여행지에 대한 의견을 진지하게 듣고 긍정적으로 반응하며 소통하는 것이 좋다. 이처럼 작은 일이라도 자신의 목소리를 내고 참여함으로써 아이는 자신감을 키울 수 있다.

다양한 경험 제공

아이에게 다양한 경험을 제공하여 새로운 능력을 개발하고 자신의 잠재력을 실현할 기회를 준다. 다양한 경험은 아이가 자신을 더 잘 이해하고, 무엇을 잘할 수 있는지 발견하는 데 도움이 된다.

 직업 선택 학과 선택

초등학생에게 사회성을 길러주는 가장 좋은 방법 중 하나는 친구들과 어울려 친하게 노는 것이다. 아이가 자기주장을 하면서도 상대를 배려하고 설득과 협상을 할 줄 아는 능력을 키워주는 것이 중요하다. 호주에서는 초등학교 입학 전 1년 동안 공부 대신 친구들과 잘 어울려 지내는 훈련을 한다. 이는 사회와 상호작용 하고 소통하는 방법을 배우고 발전시키는 데 큰 도움이 된다. 아래에 몇 가지 구체적인 방법을 소개한다.

협력과 팀 활동

아이에게 협력과 팀워크의 중요성을 가르치고, 팀 활동에 참여하도록 장려한다. 아이들이 서로 협력하고 문제를 함께 해결하는 경험을 통해 사회적 기술을 향상시킬 수 있다. 예를 들어, 팀 스포츠나 그룹 프로젝트를 통해 이러한 능력을 배양할 수 있다.

역할 모델 제공

아이에게 사회적 상호작용과 행동의 모범이 되는 사례를 보여주어 모범적인 행동을 따르도록 장려하고 칭찬한다. 부모와 선생님이 좋은 역할 모델이 되어야 하며, 긍정적인 행동을 지속적으로 보여주는 것이 중요하다.

감정 인식 및 관리

아이에게 감정을 인식하고 적절하게 표현하며, 다른 사람들의 감정을 이해하는 법을 가르친다. 감정의 종류와 표현 방법을 설명하고, 감정에 대한 이해를 돕는 활동을 제공한다. 예를 들어, 감정을 표현하는 그림 그리기나 이야기 나누기가 효과적이다.

대인관계 기술 교육

적절한 대인관계 기술을 가르치고 연습할 기회를 제공한다. 대화 기술, 리더십, 타인을 이해하는 능력 등을 포함한다. 대인관계에 관련된 책을 읽고 토론하거나, 역할극 즉, 롤플레이를 통해 실제 상황을 연습하는 것도 좋다.

연극 및 드라마 활동

연극이나 드라마 활동을 통해 아이가 다양한 역할을 연기하고 감정을 표현하며 상호작용 하는 방법을 배울 수 있다. 이는 자신감을 키우고 대인관계 기술을 향상시키는 데 효과적인 방법이다.

문제 해결 및 대화

아이에게 사회적 문제를 해결하는 방법을 가르치고 연습할 수 있도록 돕는다. 문제 상황에 대한 대화를 통해 아이가 다양한 관점을 이해하고 협의하는 방법을 배울 수 있다. 예를 들어, 갈등 상황을 설정하고 이를 해결하는 방법을 함께 토론하는 활동이 유익하다.

 직업 선택 학과 선택

사회적 상황 모의

다양한 사회적 상황을 시뮬레이션하여 아이가 어떻게 대처해야 하는지 배우고 연습하게 한다. 이를 통해 실제 상황에서 자신감을 가지고 행동할 수 있도록 돕는다. 가령 식당에서 주문하기, 새로운 친구 사귀기 등의 상황을 연습해 볼 수 있다.

이러한 방법들을 통해 아이가 사회성을 향상시키고 다른 사람들과 원활하게 상호작용 하는 데 필요한 기술을 습득할 수 있다. 사회성이 잘 발달된 아이는 친구들과의 관계에서 행복을 느끼고, 학교생활에서도 더 큰 만족을 얻을 수 있다.

셋째, 인내심을 길러주는 방법은?

모범을 보여주기

부모와 선생님은 자신들의 인내심을 보여줌으로써 아이들에게 영감을 줄 수 있다. 어려운 상황에서도 차분하게 대처하고 인내심을 발휘하는 모습을 보여주는 것이 생생한 교육이 된다. 아이들은 부모와 선생님의 행동을 보고 배운다.

양보와 이해

아이가 다른 사람들의 의견이나 행동을 이해하고 받아들이는 법을 가르쳐 준다. 어떤 상황에서는 다른 사람들의 관점을 이해하고 양보하는 것이 중요하다는 것을 가르치는 것이 필요하다.

실수를 배움의 기회로 삼기

실패나 실수가 발생했을 때, 그것을 자연스럽게 받아들이고 배움의 기회로 삼도록 도와준다. 실수를 통해 성장하고 더 나은 방향을 찾을 수 있다는 것을 아이에게 가르쳐 준다. 실수는 배움의 중요한 일부임을 강조한다.

자기 조절 능력 강화

아이에게 자신의 감정을 관리하고, 감정이 과도하게 폭발하지 않도록 마음을 진정시키며 상황을 평가하는 기술을 가르친다. 예를 들어, 깊게 숨쉬기나 차분하게 생각하는 시간을 갖는 연습을 통해 감정 조절 능력을 강화할 수 있다.

목표 설정과 계획 수립

아이가 목표를 설정하고 그것을 달성하기 위한 계획을 세우도록 도와준다. 그 과정에서 노력하고 기다리는 인내심이 필요하다는 것을 배운다. 작은 목표부터 차근차근 달성해 나가며 인내심을 기르는 것이 중요하다.

긍정적인 강조

어려운 일이 있을 때에도 긍정적인 태도를 유지하고 긍정적인 멘트를 사용하여 아이에게 인내심을 유도한다. 어려움이 있어도 끝까지 노력하고 힘내도록 격려한다. '할 수 있다'는 믿음을 심어주는 것이 중요하다.

연령에 맞는 활동 제공

아이가 인내심을 연습할 수 있는 다양한 활동을 제공한다. 퍼즐, 미술, 스포츠 등의 활동을 통해 어려운 과정을 견디고 성취하는 경험을 제공한다. 이러한 활동은 인내심을 기르는 데 매우 효과적이다.

아이들의 자신감, 사회성, 인내심 배양은 직접적인 체험과 함께 독서나 영화, 비디오 시청을 통해 간접적인 체험으로도 이루어질 수 있다. 아이의 개인적 특성이나 부모의 직업 특성에 따라 모든 것을 직접 체험으로 습득하는 데 한계가 있기 때문이다.

과거 여러 사례를 봐도 부모의 직업 특성상 제한적 상황에서 아이가 독서를 통해 자신의 길을 개척한 경우가 많다. 다양한 자원을 활용하여 아이가 다양한 경험을 쌓을 수 있도록 지원하는 것이 중요하다. 균형 잡힌 접근을 통해 아이들이 더 나은 미래를 준비할 수 있도록 살피고, 도와주자.

직업생활은 전체를 보는 안목이 필요하다

성공적인 직장 생활을 위해서는 국가직무능력표준(NCS: National Competency Standards)에서 요구하는 10개 항목을 참고해 보자. 직업생활에서는 부분이 아니라 전체를 보는 안목이 필요하다.

NCS는 산업현장에서 직무를 수행하는 데 필요한 지식, 기술, 태도 등을 국가가 산업부문별, 수준별로 표준화한 것이다. (NCS 웹사이트: www.ncs.go.kr)

NCS의 10개 항목은 직장인이 갖춰야 할 중요한 덕목이다. 이 덕목들은 다음과 같다.

의사소통 능력: 명확하고 효과적으로 의사소통하는 능력은 모든 직무에서 필수적이다.

자원 관리 능력: 자원을 효율적으로 관리하고 활용하는 능력이다.

수리 능력: 수치와 데이터를 이해하고 분석하는 능력이다.

문제 해결 능력: 문제를 분석하고 해결하는 능력이다.

자기 개발 능력: 지속적으로 자신의 능력을 향상시키는 태도이다.

정보 능력: 필요한 정보를 효과적으로 수집하고 활용하는 능력이다.

기술 능력: 직무 수행에 필요한 기술을 습득하고 활용하는 능력이다.

조직 이해 능력: 조직의 구조와 문화를 이해하고 적응하는 능력

이다.

직업 윤리: 직업인으로서의 도덕성과 윤리 의식을 갖추는 것이다.

대인 관계 능력: 협동 능력, 리더십, 갈등 관리, 협상, 고객 서비스 등이 포함된다.

이 중에서 **대인 관계 능력**은 특히 중요한 덕목으로, 협동 능력, 리더십, 갈등 관리, 협상, 고객 서비스가 핵심 요소이다. 이러한 능력들은 직장 내에서 원활한 인간관계를 형성하고, 조직의 목표를 효과적으로 달성하는 데 큰 도움이 된다.

직업 생활에서 성공하려면, 이 10가지 덕목을 균형 있게 발전시키는 것이 중요하다. 이를 통해 전체를 보는 안목을 기르고, 더 나은 직장 생활을 할 수 있을 것이다.

핵심정리

사회적으로 성공하려면 기술(15%)과 두뇌도 필요하지만, 인간관계(85%)가 절대적으로 중요하다는 점을 명심하자.
직업생활은 전체를 보는 안목이 필요하다.

2장

미래 직업 준비,
자신을 제대로 진단하라!

'직업에서 성공하기' – 2단계
'자신을 진단'하는 순서 요약

1. 적성검사

　① 검사 방법

　　누리집 **'커리어넷'** 또는 **'고용24'**에서

　　진로심리 검사(20분에서 60분 정도 소요)

　　핸드폰 어플 '커리어넷'에서도 검사 가능

2. 자기성찰

　② 자신의 과거일 회고에 의한 자기평가(5건 정도)

　③ 주변 지인들의 객관적인 '나' 평가(5인 내외)

3. 가업승계와 내 주변 **인맥 · 환경**조사

　④ 자신을 둘러싼 가업, 인맥 · 환경조사

4. **종합** 정리 ①, ②, ③, ④ → 최종 선택

대부분의 사람들이 자신에 맞는 직업 찾기에 실패하는 것은

직업에 대한 정보 부족보다는 **자신에 대한 정보 부족** 때문이다.

– 딕 볼레스

내 아이 '직업흥미검사'에
매 여름방학 한 번은 관심을!

적성검사는 개인이 특정 분야의 직업이나 활동에 필요한 능력을 얼마나 가지고 있는지를 평가해 미래 가능성을 예측하는 도구다. 이를 통해 개인의 잠재력을 발견하고 적합한 진로를 찾는 데 도움을 준다.

그러나 적성검사만으로는 직업 선택에 한계가 있다.

예를 들어, 음악 적성, 운동 적성, 개인의 학력, 지능지수, 환경, 재력, 신체적 여건 등은 적성검사로 완전히 측정할 수 없다.

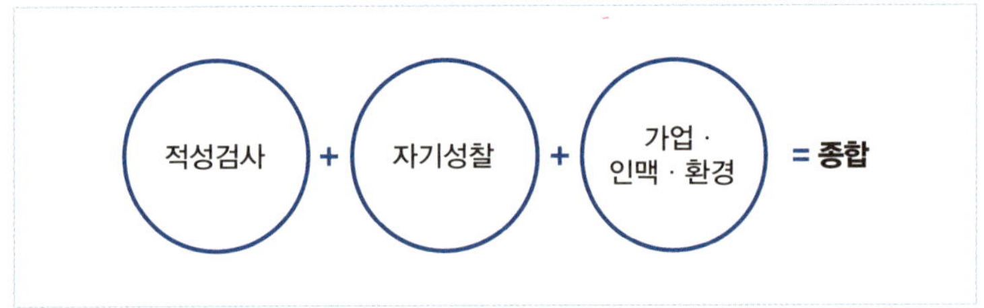

그래서 적성검사 외에도 자기성찰, 가업 승계와 인맥 조사, 환경 분석 등의 추가 방법을 활용해 자신을 종합적으로 진단하는 것이 필요하다. 이러한 종합적인 접근을 통해 개인은 자신의 진정한 **잠재력**을 발견할 수 있다.

자기성찰은 자신의 강점과 약점을 깊이 있게 이해하고, 무엇을 좋아하고 잘하는지를 파악하는 과정이다. 이를 통해 개인은 자신의 가치관과 흥미를 명확히 할 수 있다.

가업 승계와 인맥 · 환경 조사는 부모의 직업을 이어받고, 내 주변 사람들의 인맥과 자신이 처한 환경을 분석하는 것을 포함한다. 이는 현실적인 직업 선택에 큰 도움이 된다. 주변의 멘토나 전문가들과의 대화를 통해 더 많은 정보를 얻을 수 있다.

이처럼 종합적인 방법을 통해 자신의 **잠재력**을 발견함으로써, 개인은 세상을 살아갈 **자신감**을 얻게 된다. 자신을 정확히 이해하고, 그에 맞는 직업을 선택하는 과정에서 얻는 자신감은 인생을 살아가는 데 큰 힘이 된다.

초·중학생 적성검사와 관리는 학부모 몫이다

아이들은 학교에서 귀찮을 정도로 많은 진로 관련 검사를 받는다. 검사 결과를 바탕으로 자신에게 필요한 진로와 학습 계획을 세우고 실천하는 것이 중요하지만, 대다수 학생들은 검사만 받고 끝내는 경우가 많다. 그렇기에 아이의 진로심리검사 결과를 활용하고 계획을 세우는 데 부모와 선생님의 관심이 필요하다.

담임선생님에게만 아이의 장래 진로를 의존하기에는 한계가 있다. 그러나 많은 제자를 배출한 선생님의 교육 경력을 바탕으로 한 참고 의견은 매우 중요하다.

학부모는 아이의 여러 가지 적성검사 중에서도 특히 진로흥미와 개발 역량 검사 결과에 주목해야 한다. **초등학교 5학년부터 중학교 3학년, 고등학교 1학년 여름방학 때** 한두 번은 진지하게 아이와 함께 의견을 나누어 아이의 진로탐색을 돕는 것이 중요하다.

'진로흥미 탐색' 검사는 아이의 흥미 유형을 측정하고 적합한 직업을 추천하는 검사다. 이는 직업적성검사의 일종으로, 아이가 어떤 직업에 흥미를 느끼는지를 파악하는 데 도움을 준다.

'진로개발 역량검사'는 아이가 진로 준비에 필요한 보완점을 제시해 준다. 이를 통해 아이가 어떤 부분을 강화해야 할지를 알 수 있다.

아이들의 꿈은 시간이 지나면서 변할 수 있다. 따라서 초등학교와 중학교 시절에는 한두 번의 적성검사 결과에 너무 의존하지 말고, 1~2년에 한 번씩 여름방학전 적성검사 결과를 토대로 아이의 특성과 흥미 변화를 파악하는 것이 중요하다. 부모는 이러한 변화를 지속적으로 관심을 가지고 지켜봐야 한다.

진정한 '나'를 찾아내 나답게 살기

자신을 진단하고 나를 아는 것은 매우 중요하다. '나'는 무한한 우주 공간과 시간 속에서 유일한 존재다. 나를 찾아 나답게 사는 것이 의미 있고 행복하게 사는 비결이다.

『인생을 건너는 여섯 가지 방법』의 저자 스티브 도나휴는 한 사람의 일생에 대해 다음과 같이 조언한다.

> "우리가 정해진 직업에 자신을 맡기면 예측 가능한 삶을 살 수 있다. 그러나 자신에 내재된 고유의 잠재력을 발견해서 그 잠재력을 최대한 발휘하고 사는 것이 의미 있는 삶이다"

취업이 어려운 시대에 "자신의 잠재력으로 살아보라"는 조언이 사치스럽게 들릴 수도 있다. 하지만 자신의 잠재력을 찾아 연마하면 오히려 더 효과적으로 취업에 성공할 수 있다.

즉 자신이 좋아하는 것을 찾아 몰입하면 최고의 경지에 이를 수 있다는 의미다. 『몰입』의 저자 황농문 교수는 "몰입적 사고야말로 잠재된 두뇌의 능력을 첨예하게 깨우는 최고의 방법이며, 나 스스로 창조적인 인재가 되는 지름길이다"라고 말한다.

따라서, 자신의 흥미와 재능을 찾고 그것에 몰입하는 것이 가장 바람직하다. 이를 통해 우리는 자신의 잠재력을 최대한 발휘할 수 있으며, 더욱 의미 있는 삶을 살아갈 수 있다.

자신을 찾는 과정은 쉽지 않지만, 그 과정에서 얻는 성취감과 만족감은 그 무엇과도 바꿀 수 없다. 나답게 사는 삶이야말로 진정한 행복의 시작이다.

누구나 자신만의 고유한 재능이 있다

미국 농구계의 전설 마이클 조던은 소속팀 시카고 불스를 세 차례나 NBA 챔피언으로 이끌었다. 그러나 어릴 적 아버지의 꿈을 이루기 위해 그는 한때 야구선수로 변신하기도 했다.

결과는 실망스러웠다. 마이클 조던은 2부 리그에서도 140여 회의 삼진 아웃을 기록하는 등 성적이 매우 부진했다. 결국 그는 다시 시카고 불스로 돌아와 이후 세 차례 더 NBA 챔피언을 쟁취하는 데 큰 공헌을 했다. 이 사례는 같은 운동 분야라 해도 자신의 재능 분야는 따로 있다는 것을 보여준다.

누구나 자신만의 고유한 재능이 있다. 마이클 조던의 경험은 자신에게 맞는 길을 찾는 것이 얼마나 중요한지를 잘 보여준다. 자신의 재능을 찾아 그 분야에서 몰입하면 누구나 최고의 경지에 이를 수 있다.

적성검사는 누구나 무료로 쉽게 할 수 있다

'커리어넷'(www.career.go.kr): 교과부 누리집과 핸드폰에서 '커리어넷' 앱을 다운로드해 적성검사를 할 수 있다. 검사 결과 개인의 진로와 학습방법개선 상담까지 가능하다. 초등학교부터 일반인까지 모든 사람들이 이용할 수 있다.

'고용24'(www.work24.go.kr): 고용노동부 누리집에서도 초등학생 · 중고생 · 대학생 · 일반인까지 누구나 무료로 검사를 받을 수 있고, 결과에 대한 상담까지 해준다.

'사이버 1388 청소년상담센터' → 청소년상담복지센터에 접속하면 각 지역 상담소에서 진로검사를 한다.

직업심리검사는 자신의 성격, 관심사, 능력, 가치관 등을 분석해서 자신에게 맞는 직업을 찾는 검사다.

아이 학령별
진로심리검사 방법과 내용

 '**커리어넷**'(www.career.go.kr) 누리집에서는 초등학생, 중학생, 고등학생, 대학생·일반인이 진로심리검사를 받을 수 있고, 학부모와 교사를 위한 유용한 정보도 있다. 검사 결과 진로설계 서비스 상담을 받을 수도 있다.

〈그림 7〉 '커리어넷' 진로심리검사

직업 선택 학과 선택

'커리어넷'(https://www.career.go.kr)

> **커리어넷** → (초등학생 클릭) **주니어 커리어넷** →
> 나의 이해 → **저학년 진로흥미 탐색**

초등학교 저학년 때는 장래 아이의 직업과 관련된 아이의 성격특성을 살핀다.

'주니어 커리어넷'에서 '나의 이해' 항목검사를 한다.

검사 결과는 아이의 성격과 적합한 직업, 수입, 되는 방법 등을 자료와 동영상으로 제공한다.

- 자신의 성격 유형
- 성격에 맞는 대표 직업과 동영상
- 직업별로 일의 내용, 되는 방법
- 필요한 지식, 가치관
- 수입

초등학교 저학년 '나의 이해' 검사 결과

참고로 아이들의 관심사는 성장 과정에서 바뀌기도 한다. 검사 결과를 유연하게 생각해야 한다.

그래서 고등학교까지 1~2년에 한두 번씩 정기적인 검사가 필요하다.

1. 아이들의 성격 유형을 6가지로 나눈다.

뚝딱이, 탐험이, 멋쟁이, 친절이, 싹싹이, 성실이로 구분하여 아이의 성격특성을 설명한다.

나에게 맞는 성격 유형

2. 성격유형에 따라 적합한 직업을 제시하고, 그 직업의 정보와 직업을 갖기 위해 **필요한 학습**, 적성, 취미뿐만 아니라 예상 연봉까지 알 수 있다.

예를 들어 동물사육사를 직업으로 가지려면

· 될 수 있는 방법

· 일의 내용

· 필요한 적성과 흥미 유형

· 수입에 대한 상세한 정보를 주며

직업에 종사하는 사람들이 직업에 대하여 말해주는 동영상 자료도 볼 수 있다.

동물사육사

전문가와의 만남 - 원숭이 사육사

초등학교 고학년 진로흥미탐색검사

커리어넷 → (초등학생 클릭) 주니어 커리어넷 → 나의 이해 → 고학년 진로흥미 탐색

고학년 진로흥미탐색 결과표

본 진로흥미탐색의 결과는 여러분들이 진로 선택을 할 때 고려해야 할 여러 가지 사항 중의 하나로서, 흥미뿐만 아니라 여러분의 성격, 능력, 가치, 직업정보 등을 함께 고려하는 것이 바람직한 진로 선택 과정입니다.

이름	성별	소속	학년	검사일
비회원	남자	-	6	2024.01.29

1. 비회원님의 흥미유형 탐색 결과 (T점수)

진로흥미탐색을 통해 나타난 여러분의 흥미유형과 각 유형별 점수를 확인해봅시다. 진로흥미탐색 결과를 통해 알아본 나의 대표적인 흥미유형은 C-I형으로, 여섯 가지 흥미 유형 가운데 관습형, 탐구형 흥미가 높은 것으로 나타났습니다.

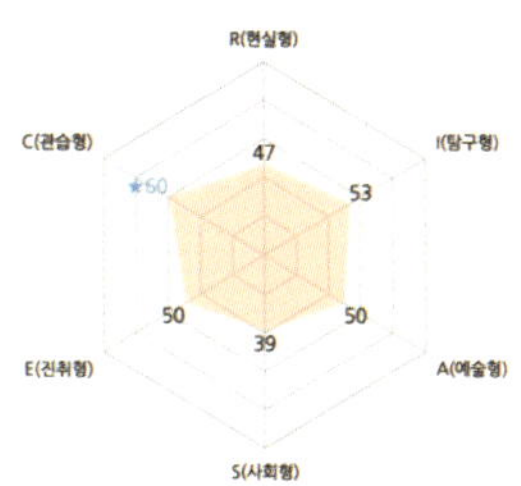

R 유형	I 유형	A 유형	S 유형	E 유형	C 유형
47	53	50	39	50	60

심리학자 홀랜드(John. L. Holland)의 연구에 따르면 직업흥미를 관습형(C), 기업형(E), 사회형(S), 현실형(R), 탐구형(I), 예술형(A) 등 6가지 유형으로 분류하고 추천 직업을 제시한다.

직업 추천(예시 C-관습형)

▪ C(관습형)

- 어떤 일에 대해 미리 준비하고 대비하는 성향이 강하다.
- 노트에 기록하거나 정리하는 꼼꼼한 일을 잘 한다.
- 성실하며, 세부사항을 잘 다루고 책임감 있게 자신에게 주어진 일을 잘 수행한다.
- 숫자를 이용하는 활동을 좋아하며, 약속을 잘 지키고 학교 규칙과 질서를 잘 지킨다.
- 창의성을 발휘하는 일이나 다른 사람을 이끌어가는 활동보다는 잘 짜여진 규칙 안에서 일하는 것을 좋아한다.
- 자신의 노력으로 인해 학급이나 조직이 원활하게 돌아갈 때 보람을 느낀다.
- 예를 들면, 회계사는 회사의 수익과 지출 등이 적힌 보고서를 읽고 숫자가 맞는지 꼼꼼하게 검토할 때 만족감을 느낀다.

*직업명을 클릭하시면, 주니어 직업정보로 이동하여 직업에 대한 더 자세한 정보를 확인할 수 있습니다.

추천직업

GIS전문가 간병인 곤충학자 공무원 공인회계사 과학자 관세사 관제사 교사 금융자산운용가 데이터베이스 개발자 도시계획가

디지털 장의사 문화재보존가 바이어 법무사 병원코디네이터 보건의료정보관리사 보육교사 빅데이터전문가 사서 사회과학연구원

사회복지사 세무사 안경사 약사 여론조사전문가 영양사 외교관 운전기사 유치원교사 은행원 임상병리사 재난관리전문가 전문비서

정보시스템 운영자 정부정책 기획전문가 직업군인 토목공학 기술자 판사 및 검사 항공기 정비원 항공기승무원 환경미화원

적성검사에 의한 6가지 직업군의 분류

: 관습성(C)이 좋으면

정해진 원칙과 계획에 따라 체계적으로 데이터를 정리하고 처리

하는 일을 좋아한다. 사무적이고 전산적인 기술이 뛰어나며, 모호하고 자유롭거나 구조화되지 않은 작업과 상황은 피한다. 이러한 사람들은 세밀한 작업을 효율적으로 처리하며, 규칙과 절차를 중시한다.

• 공인회계사, 세무사, 경리사원, 은행원, 도서관 사서, 비서, 컴퓨터 프로그래머, 재무분석가, 의무기록사, 안전 관리사 등

⋮ 진취성(E)이 뛰어나면

조직의 목표와 경제적 이익을 위해 다른 사람들에게 영향을 주고 앞장서려 한다. 열정적이고 외향적이며 사교적인 성격으로 리더십과 설득력이 강하다. 그러나 탐구 및 조사와 관련된 일은 잘 맞지 않는다. 진취성이 뛰어난 사람들은 목표 달성과 사람들 간의 협력을 중요하게 생각하며, 추진력이 뛰어나다.

• 기업 경영인, 정치가, 판사, 영업사원, 상품 구매인, 연출가, 변호사, 세일즈맨, 여행사 매니저, 바이어 등

⋮ 현실성(R)이 좋으면

분명하고 질서정연하여 체계적이다. 도구나 기계, 동물과 함께 일하거나 야외에서 일하는 것을 좋아한다. 기계적이고 육체적인 감

각에 탁월하지만, 사교적인 상황은 피한다. 이러한 사람들은 실제적이고 구체적인 작업을 선호하며 손으로 직접 하는 일을 즐긴다.

- 기술자, 항공기 조종사, 자동차 정비사, 기계기사, 군인, 경찰, 운동선수, 농부, 엔지니어 등

: 사회성(S)이 좋으면

타인의 복지와 사회적 서비스를 제공하는 상담, 교육, 봉사활동을 선호한다. 사람들과의 교감이 좋고 교육적 능력이 뛰어나다. 이러한 사람들은 타인의 필요와 감정을 잘 이해하며, 돕고 지원하는 데 만족을 느낀다.

- 교육자, 종교지도자, 상담사, 유치원 교사, 임상심리학자, 언어치료사, 간호사 등

: 탐구성(I)이 뛰어나면

분석적이고 지적인 성격으로 과학적이고 수학적 능력이 뛰어나다. 모험을 요구하는 일은 피한다. 이런 사람들은 문제를 논리적으로 분석하고 해결하는 것을 즐기며 새로운 지식을 탐구하는 데 열정적이다.

 직업 선택 학과 선택

- 언어학자, 심리학자, 시장조사분석가, 과학자, 경영분석가, 지질학자, 화학자, 물리학자, 실험실 조교, 의료 기사, 생물학자 등

예술성(A)이 좋으면

혁신적이고 지적 재능이 있다. 예술적 작품이나 형태를 창조하기 위해 다양한 소재에 관심을 둔다. 예술적, 언어적, 음악적 감각이 탁월하여 틀에 박힌 활동이나 작업은 피한다. 예술성이 있는 사람들은 창의적인 표현을 통해 자신을 드러내는 것을 좋아하며, 독창성을 중시한다.

- 예술가, 배우, 음악가, 디자이너, 인테리어 전문가, 무용가, 소설가, 광고 기획자 등

내 아이의 다중지능을 관찰하자

다중지능 이론은 미국 하버드대학교의 하워드 가드너(Gardner) 교수가 제시한 이론으로, 인간의 지능은 서로 독립적이며 다양한 능력으로 구성되어 있다고 본다. 개인이 특정 분야의 개념과 기능을 어떻게 배우고 발전시키느냐에 따라 그 결과는 매우 다르다.

부모는 아이의 다양한 잠재력을 관찰하고, 그것을 어떻게 계발할 것인지 고민해야 한다. 김연아, 박세리, 타이거 우즈, 정명훈, 빌 게이츠 등 세계적인 인물 뒤에는 부모들의 세심한 관찰과 교육이 있었다. 이러한 부모들의 관심과 지원 덕분에 아이들은 자신의 재능을 최대한 발휘할 수 있었다.

아이의 취미나 관심이 후일 직업으로 크게 성공한 경우가 많다. 부모는 아이의 다중지능을 관찰하고, 그 잠재력을 최대로 계발할 수 있도록 지원해야 한다. 이를 위해 부모는 다양한 경험과 학습 기회를 제공하며, 아이가 스스로의 재능을 발견하고 발전시킬 수 있도록 도와주어야 한다.

- 참고도서: 윤옥인, 『아이의 다중지능』, 한국진로교육센터, 『롤 모델 진로카드』

 직업 선택 학과 선택

중학생 진로심리검사

'커리어넷'(https://www.career.go.kr)

'**커리어넷**' → 중학생 → 자기 이해 → 중고학생용 심리검사
→ ① 직업적성검사, ② 직업흥미검사, ③ 진로성숙도 검사,
④ 가치관 검사, ⑤ 진로개발 역량검사

직업적성검사를 하면 종합평가 결과가 제시된다.

평가 영역은 창의력, 자기성찰능력, 언어능력, 공간지각력, 손재능, 자연친화력, 대인관계능력, 신체·운동능력, 수리·논리력, 예술 시각능력, 음악 능력이다.

적성검사인 종합검사 '**아로플러스**'는 자기 이해를 통한 진로탐색과 관심 직업을 통한 진로탐색의 2가지 경로로 구성되어 있으며, 기존의 개별 검사로 제시되던 결과를 종합적으로 제공해 준다. 청소년 대상(14~19세)의 진로탐색 프로그램으로 매우 유용하다.

▌직업적성검사 주요 결과

1. 높은 적성으로 살펴본 비회원님에 대한 종합평가

창의력

호기심이 많고 독특한 방법으로 문제를 해결하는 경향이 있습니다. 융통성이 있고 아이디어를 내서 실제로 활용할 가능성이 높습니다.

언어능력

말이나 글로 생각과 감정을 표현하는 능력이 뛰어납니다. 다른 사람의 말과 글을 잘 이해할 수 있습니다.

예술시각능력

선, 색, 공간 등을 조화롭게 구성하는 능력이 뛰어납니다. 주변 사물이나 환경의 아름다움을 느끼고 표현하는데 익숙합니다.

2. 직업적성영역별 결과(백분위)

적성영역	백분위	적성영역	백분위	적성영역	백분위
창의력	92.7	공간지각력	74.6	신체·운동능력	37.1
언어능력	91	음악능력	63.7	대인관계능력	31
예술시각능력	86.6	자기성찰능력	61.9	손재능	11.1
자연친화력	75.9	수리·논리력	47.3		

3. 비회원님의 검사결과를 바탕으로 한 추천 직업군

적성영역	직업군
창의력	연기 관련직, 예술기획 관련직, 작가 관련직, 디자인 관련직, 웹·게임·애니메이션 관련직, 미술 및 공예 관련직, 기타 특수 예술직
언어능력	언어 관련 전문직, 작가 관련직, 법률 및 사회활동 관련직, 인문 및 사회과학 관련직, 인문계 교육 관련직
예술시각능력	디자인 관련직, 웹·게임·애니메이션 관련직, 미술 및 공예 관련직, 영상 관련직, 예술기획 관련직, 기타 특수 예술직

검사 결과, 자신에게 맞는 직업을 추천한다.

그리고 흥미 유형별로 **새로운 공부 방법도 제시**한다.

홍미 유형	나의 현재 학습 습관	새로 시도해 볼 학습 방법
C (관습형)	나는 공부할 때 가능하면 정해진 내 자리에서 교과서 순서대로 꼼꼼하게 살펴보며 공부하는 편이다. 나는 어려운 문제를 풀 때, 가능하면 기존에 알고 있거나 수업에서 배운 그대로의 방법으로 해결하는 편이다.	시간 관리를 하면서 자신에게 가장 취약한 부분을 먼저 공부하는 것이 공부를 잘하는 비결이랍니다. 다른 사람들의 문제해결 방식이나 공부하는 방법에 관심을 가져보고 이들의 방법을 적절하게 내 공부하는 방식에 적용해 보세요. 분명, 큰 학습 성취를 맛보게 될 것입니다.
I (탐구형)	나는 선생님이 정해준 주제를 깊이 탐구하여 개념과 원리를 이해하고 나만의 방법으로 차근차근 공부하는 편이다. 나는 조용히 집중할 수 있는 곳에서 혼자 공부하는 것을 좋아한다.	혼자서 공부하는 것 외에도 다양한 학습방법을 시도해보는 습관으로부터 공부의 자신감이 생깁니다. 친구들의 의견을 통하여 내가 알지 못하는 것을 이해하며 다양한 논리의 관점을 배울 수 있답니다.

직업적성검사 결과, 진로와 진학상담도 신청할 수 있다.

진학상담 실례

- 자료: **'커리어넷'** → 진로상담 → 상담보기 → 중학생

순서로 '커리어넷' 누리집에 접근하면 진학을 희망하는 학과에 가기 위한 현재 공부 방법에 대한 개선 방안, 학과 개설 대학, 해당 대학의 지원 학과 입학에 필요한 성적 등 구체적인 질문을 할수록,

실질적인 상담을 전문가가 답해준다. 다양한 상담 사례를 볼 수 있다. 물론 자신이 직접 상담을 신청해서 결과를 볼 수도 있기에 매우 유용하다.

'커리어넷' 상담 내용은 진로, 학습 등 분야가 다양하다.

총 351 건의 글이 있습니다.

번호	대상	제목	답변현황
이주의 공감상담	중학생(14~16세 청소년)	고교학점제 때문에 고민이 많아요..	상담완료
351	중학생(14~16세 청소년)	생물학 관련 진로에 관해	
350	중학생(14~16세 청소년)	진로 ┗Re 다양한 진로탐색과정을 통해서 자신에 맞는 최적의 진로를 찾기 위한 노력을 계속해 나가세요.	상담완료
349	중학생(14~16세 청소년)	진로 상담 ┗Re 직업찾아보기 마인드맵으로 관심과 흥미있는 직업을 선정한 뒤 직업정보탐색을 해보세요.	상담완료
348	중학생(14~16세 청소년)	운동선수가 되려면 어떻게 해야하나요? ┗Re 운동 선수가 되려면...	상담완료
347	중학생(14~16세 청소년)	진로상담 ┗Re 자기이해를 높이기 위한 방법을 알아볼까요?	상담완료

 직업 선택 학과 선택

고등학생 직업적성검사

'커리어넷'(https://www.career.go.kr)

> '커리어넷' → 고등학생 → 자기 이해 → 중고학생용 심리검사
> → ① 직업적성검사, ② 직업흥미검사, ③ 진로성숙도검사,
> ④ 가치관 검사, ⑤ 진로개발 역량검사

적성검사, 가치관 검사, 흥미검사를 동시에 받을 수도 있으며, 개발 역량검사를 받아 자신의 직업 준비 정도를 알아볼 수 있다.

〈그림 11〉 고등학생 직업심리검사

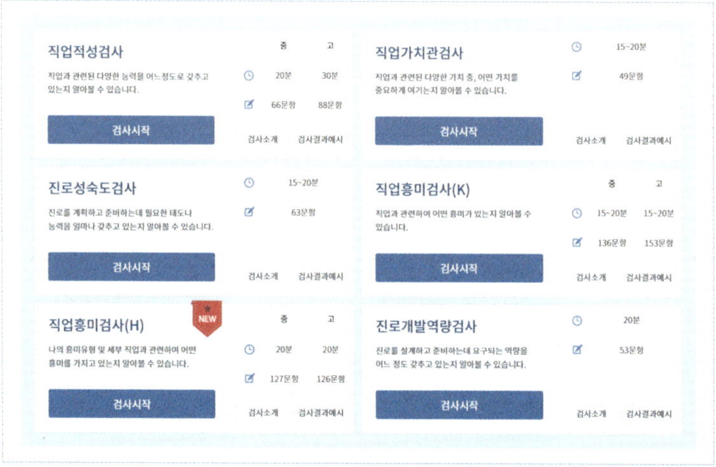

대학생·일반인 직업적성검사

'커리어넷'(https://www.career.go.kr)

'커리어넷' → 대학생 · 일반 → 자기 이해 → 대학생 일반용 심리검사 → ① 진로개발 준비도 검사, ② 주요 능력 효능감 검사, ③ 이공계 전공적합도 검사, ④ 직업가치관 검사

〈그림 12〉 대학생 · 일반인 직업심리검사

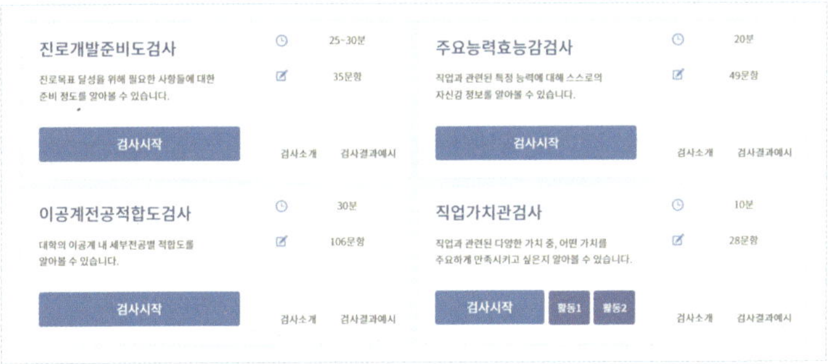

적성과 함께 개인의 가치관도 직업 선택에 매우 중요하다. 가치관이 갖는 주요 의미는 능력 발휘, 자율성, 보수, 안정성, 사회적 인정, 사회봉사, 자기개발, 창의성이다. 개인이 갖는 가치관에 따라서 직업을 달리할 수 있고, 만일 같은 직업이라면 동일 직업 내에서는 가치관 유형에 따라 직업만족도가 다르다. '커리어넷'뿐만 아니라, '고용24'를 이용해서 검사할 수 있다.

'커리어넷'의 가치관 검사 결과

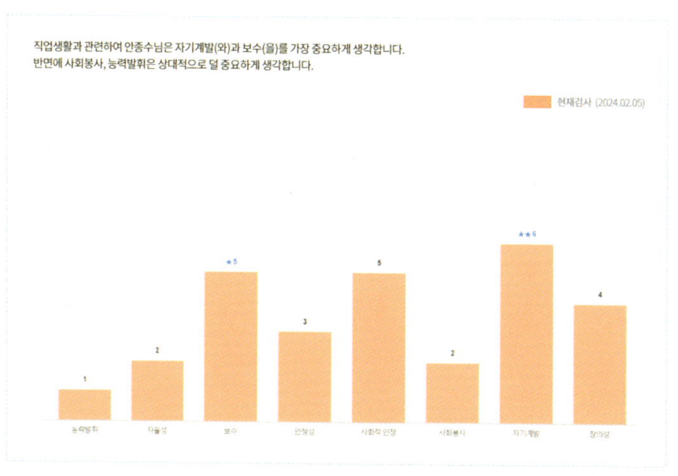

자신이 중요하게 여기는 의미별로 해당 직업을 추천한다.

추천 직업

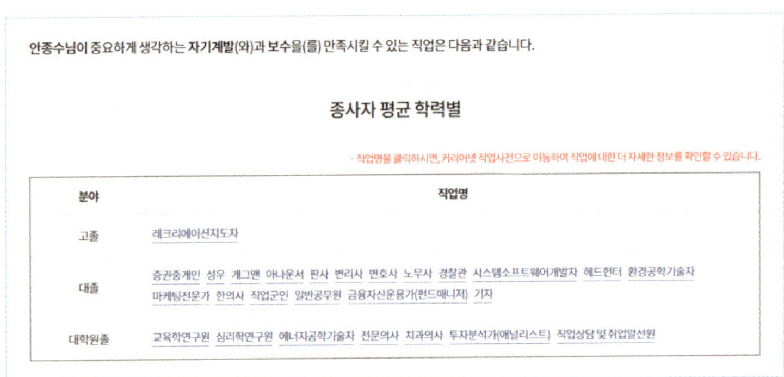

분야	직업명
고졸	레크리에이션지도자
대졸	증권중개인 성우 개그맨 아나운서 판사 변리사 변호사 노무사 경찰관 시스템소프트웨어개발자 헤드헌터 환경공학기술자 마케팅전문가 한의사 직업군인 일반공무원 금융자산운용가(펀드매니저) 기자
대학원졸	교육학연구원 심리학연구원 에너지공학기술자 전문의사 치과의사 투자분석가(애널리스트) 직업상담 및 취업알선원

가치관 검사 결과 추천된 직업에 대한 동영상을 보고 **진로상담**도
받을 수 있다.

〈그림 13〉 가치관 검사 결과 진로상담

샤인 박사의 가치관 분류와 직업

가치관별 세분화된 전통적 직업들이다.

미국 MIT 샤인 박사가 경영 대학원 졸업생들을 14년 동안 추적 조사하여 가치관에 따라 직업을 20가지 유형으로 분류했다.

- 남들에게 도움이 되며 봉사와 나눔을 할 수 있다.
  - 의료직, 사회복지사, 종교인, 교육자 등
- 오랫동안 안정된 직업을 선호할 경우
  - 공무원, 전문직 등
- 노동에 대한 충분한 보상을 기대할 경우
  - 회사 임원, 보험설계사, 대부분의 영업직 등
- 창의성을 발휘하고 싶다.
  - 방송 제작자, 패션, 광고 회사, 디자이너 등
- 사회적인 명예와 권위를 좋아한다.
  - 교수, 판사, 정치가 등
- 스스로 선택하고 결정하는 것을 좋아한다.
  - 사업가, 예술가, 영업직 등
- 사회개혁에 관심이 있다.
  - 시민운동 단체, 정치인, 국회의원 보좌관, 법률가 등
- 변화가 있고 다양한 일을 경험하고 싶다.

- ・ 기자, 여행가, 컨설턴트, 소프트웨어 개발, 광고홍보, 메이크
    업 아티스트 등
- 사람들과 어울려 활동하고 좋은 관계를 갖는다.
  - ・ 대부분의 회사원과 직장인
- 장래성 있고 성취감을 느끼고 싶다.
  - ・ 사업가, 예술가 등
- 예술 활동을 통해 정신적 만족을 얻고 싶다.
  - ・ 예술가, 전시 기획자, 출판 기획자 등
- 돈을 많이 벌고 싶다.
  - ・ 기업 임원 및 CEO, 금융관리자, 사업가 등
- 위험을 동반하지만 새롭고 활동적인 일이 좋다.
  - ・ 오지 탐험가, 모험 스포츠인, 소방관 등
- 오직 1가지 일에 집중하고 싶다.
  - ・ 예술가, 엔지니어 등
  - ・ 목표를 성취하여 인정과 경제적 보상을 원한다.
  - ・ 프로스포츠 선수, 전문영업직, M&A 전문가 등
- 자신이 중요한 사람임을 느끼고 서로 느낌을 주고받는 데 만족
  한다.
  - ・ 종교인, 상담가 등
- 자신만의 시간과 공간을 갖고 일하고 싶다.
  - ・ 예술가, 번역가. 정비사, 작가, 조경기술자 등

- 타인에게 지시하거나 정책 결정에 관심이 있다.
  - 회사 고위직, 정치인, 자영업 등
- 깔끔하고 조직적이고 계획된 일을 하고 싶다.
  - 종교단체, 호텔리어, 항공기 승무원 등
- 소속감을 가지고 집단의 일원이 되고 싶다.
  - 군인, 경찰 등

참고로 '고용24'(www.work24.go.kr)의 적성검사는 가까운 지역 고용노동부 사무실을 직접 방문해도 누구나 무료검사와 상담이 가능하다. 주로 일반인 구직자를 위한 검사를 하고 있지만, 누구나 이용할 수 있다.

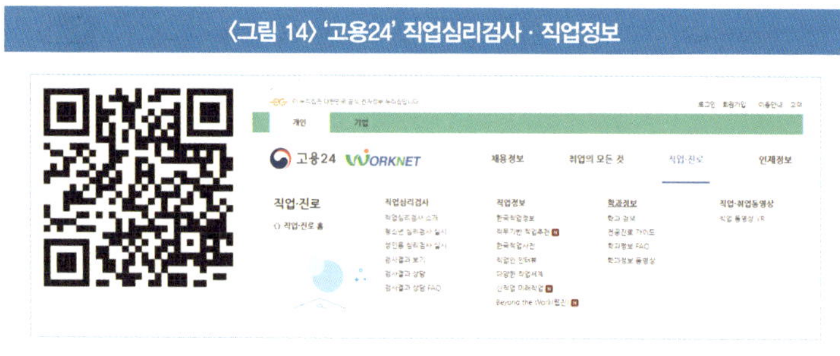

〈그림 14〉 '고용24' 직업심리검사 · 직업정보

적성검사와 가치관 검사의 결과는 진로와 직업 선택뿐만 아니라, 자기소개서 작성이나 면접 준비에 자신을 객관적이고 구체적으로 소개하기 위한 자료로 활용할 수 있다. 취업 후에는 직장 부서 배치나 이동 시 회사에 제출하여 적성에 맞는 곳에서 근무하는 데 도움이 된다.

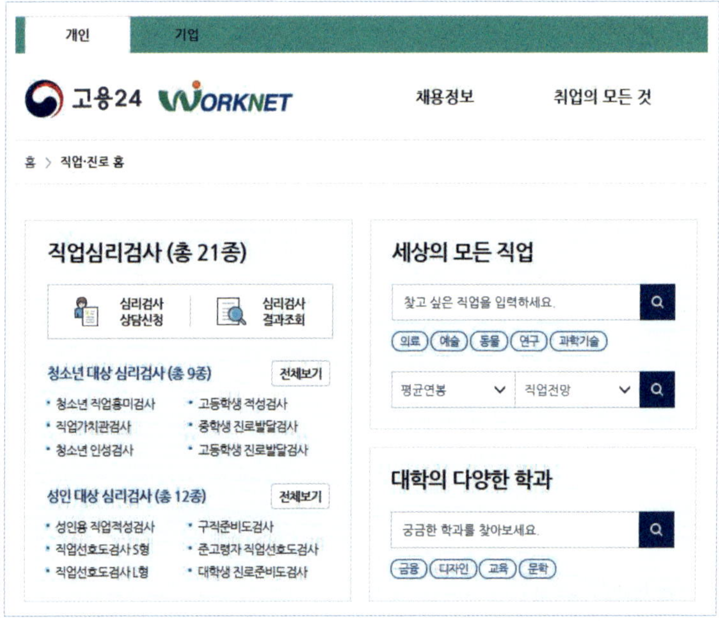

자료: '고용24' → 직업 · 진로

직업선호도 검사(L형)는

· 직업흥미검사

· 성격 검사

· 생활사 검사를 한꺼번에 할 수 있다.

　　　　직업 선택 학과 선택

직업선호도 검사(L형)는 개인의 현재 보유 능력이나 학력, 전공, 자격, 가치관 등은 반영하지 않고 오로지 흥미 성향과 성격, 생활사 등에 관련한 정보만을 제공한다.

따라서 검사 결과를 토대로 직업이나 진로를 결정하고자 할 때에는 검사 결과에 반영되지 않은

- 자신의 능력, 가치관, 가정환경, 가업 승계
- 신체조건, 인맥, 자격, 적성 등을 함께 고려할 필요가 있다.

: 대학생은 초 · 중고등학교 검사 결과도 참고한다

다만 초 · 중등학교 시절의 적성검사는 학생들이 본인의 진실한 모습보다 장래 희망을 더 반영할 수 있기 때문에, 검사 결과를 그대로 신뢰하지 말고 고등학교와 대학교 시절의 검사를 더 중요시해야 한다.

: 유치원과 초등학교 아이의 잠재력

유치원 활동에서도 아이의 잠재력을 볼 수 있다. 아이의 작품집을 살펴보고 지도 교사와 상담해 보면 아이의 성향을 아는 데 도움이 된다.

초등학교에서는 '잡월드'의 직업체험과 위인전 독서, 직업심리검사를 통해 아이의 직업 선호도를 파악할 수 있다.

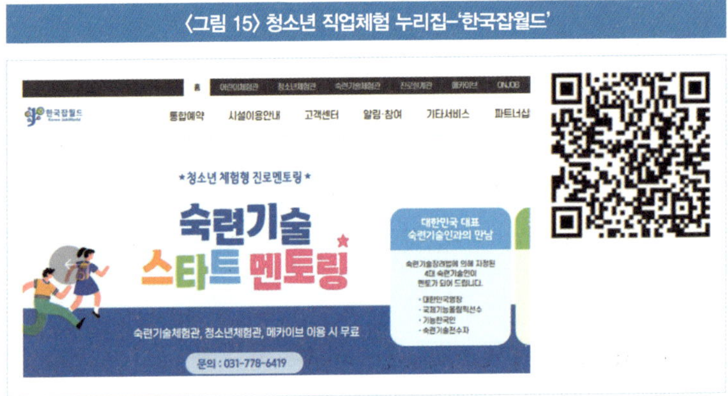

: 중학생은 직업 선택에 중요한 시기다

중학생이 되면 대부분의 학생들이 큰 희망과 자신감에 차 있다. 중학교 3학년에는 적성과 직업심리검사를 통해 자신의 진로를 대략적으로 결정하고, 인문고, 직업고, 특성화고, 마이스터고, 특목고 등 진학 방향을 결정한다.

: 고등학교 1학년은 적성과 직업심리검사를 받는다

고등학교 1학년 여름방학에는 적성과 직업심리검사를 꼭 받아서

    직업 선택 학과 선택

대학교 전공학과를 선택하고 입시를 준비해야 한다. 고등학교 과정이 통합되어 있지만, 자신이 문과 성향인지 이과 성향인지 알 수 있다.

https://www.jobtest.org

https://www.k12.com

1. https://www.jobtest.org/career-test/for-teens

80개 이상의 세부 문항과 더불어 그림, 숫자, 도형 테스트 등을 이용해 분석한다. 직장을 가진 일반인도 이용 가능하며 유료이다. (기본 USD 29.9, 보통 USD 34.9, 전문 USD 149.9), 2024. 1. 현재

2. https://www.k12.com/stride-career-prep/career-exploration/career-quiz/

미국 웹사이트로 10개 안팎의 영어 문항이며 보통 3가지 직업군을 추천해 준다.

웹사이트로 이동하여 첫 화면에 보이는 화면의 가운데 위치한 'Career Exploration Quiz-take the test' 버튼을 클릭한다.

화면이 바뀌면 'Get started'를 클릭한다.

각 질문에 대하여 왼쪽에 위치한 답변에 동의할 수도 있고 오른쪽에 위치한 답변에 동의할 수 있는데, 왼쪽이든 오른쪽이든 동의하는 정도에 따라 9가지 정도를 택할 수 있다.

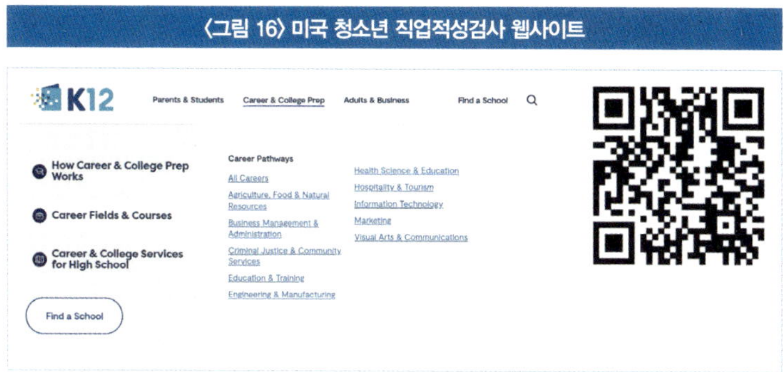

1. 당신이 세계 2차대전에 관한 보고를 해야 한다. 당신은

(You've been assigned a report on World War II. You're more likely to)

왼쪽: 10장 분량의 보고서를 작성한다.

(Write a 10-page paper)

오른쪽: 이야기를 하기 위한 포스터를 만든다.

(Design a poster to tell the story)

2. 파티에서 당신은 어떤 사람에 가까운가?

(At a party, you're more likely to be the one)

왼쪽: 댄스 플로어에서 격렬하게 춤을 춘다.

(Tearing it up on the dance floor)

오른쪽: 쓰레기 줍는 것을 도와준다.

(Helping to pick up trash)

3. 100 달러를 받게 되었다. 당신은

(Cha-ching, you won $100! You're more likely to)

왼쪽: 곧바로 소비한다.

(Spend it immediately)

오른쪽: 저축한다.

(Save it with the rest of your money)

4. 가족 식사 중 당신은

(At family dinners, you're more likely to be the one)

왼쪽: 논쟁을 하며 이기는 편이다.

(Winning arguments)

오른쪽: 저녁식사 준비를 하는 편이다.

(Cooking dinner)

5. 밤늦게, 당신은

(Late in the evening, you're more likely to be found)

왼쪽: 자는 편이다. 나에게 숙면은 소중하다.

(Snoozing, I'm nothing without a good night's sleep)

오른쪽: 깨어 있고 열심히 일을 하는 편이다.

(Up and about, I do my best work at night)

6. 친구들이 차로 장거리 여행을 가자고 한다. 당신은

(Your friends want to go on a road trip. You're more likely to)

왼쪽: 차 앞자리에 올라타 음악을 튼다.

(Ride up front and control the music)

오른쪽: 정중히 거절한다. 로드 트립은 당신과 맞지 않는다.

(Politely decline, road trip aren't really your thing)

7. 당신의 아버지가 파워포인트 설정에 대해서 배워야 한다. 당신은

(Your dad needs tutorial on setting up a Powerpoint. You're more likely to)

왼쪽: 바로 뛰어들어서 당신이 가지고 있는 기술들을 알려드린다.

(Jump right in and show him all of your best tricks)

오른쪽: 아버지처럼 어찌할지 모르다가 같이 배우려고 한다.

(Be just as puzzled as he is, but agree to learn together)

8. 당신은 새로 읽을 책을 골라야 합니다. 당신은

(You're required to pick up a new book to read. You are more likely to)

왼쪽: 친구가 추천해 준 오디오북을 다운로드한다.

(Download an audiobook that your friend recommended)

오른쪽: 지금 읽고 있는 3부작의 다음 편을 읽는다.

(Dive into the next book in the trilogy you've been reading)

문항을 모두 마치면 한 문장으로 당신의 적성을 소개해 준다. 나의 경우 연구원이 나왔다.

그리고 Full report를 주는데 적성에 맞는 3가지 직업군을 보여주며 각 직업군을 클릭하면 경력개발에 관한 자세한 사항을 알려준다.

MBTI 검사는 인간의 성격을 파악하는 것이다. 스위스의 심리학자 칼 융(Carl Jung)이 저술한 책 『Psychological Types』에서 영감을 받은 두 명의 미국인 캐서린 C. 브리그스(Katharine Cook Briggs)와 그녀의 딸 이사벨 B. 마이어스 (Isabel Briggs Myers)가 개발한 자기 보고식 성격유형지표(Type Indicator)이다. 모녀의 이름을 따서 Myers-Briggs Type Indicator(MBTI) 검사법으로 명명 지어졌다.

MBTI 검사는 개인의 성격 유형을 분석하는 도구로, 주로 사람들의 심리적 경향성을 네 가지 이분법적 척도에 따라 분류한다. 이는 외향성(E)과 내향성(I), 감각형(S)과 직관형(N), 사고형(T)과 감정형(F), 판단형(J)과 인식형(P)으로 나눈다. 총 16가지의 성향이 나온다.

MBTI 검사는 자기개발, 채용 인사, 생활지도 목적에 사용하기 위해서 자신이 선호하는 경향을 크게 4가지 영역으로 구분하고 4가지 영역을 각각 2가지 형으로 나누어 사람의 성격을 총 16가지 성향으로 구분한다.

분류	에너지 방향		인식 기능	
선호 경향	1. 외향형	1. 내향형	2. 감각형	2. 직관형
	E	I	S	N
분류	판단기능		생활 양식	
선호 경향	3. 사고형	3. 감정형	4. 판단형	4. 인식형
	T	F	J	P

조사 결과는

- 나의 강점과 약점을 파악하여 보강하기
- 장기적으로 성공 가능한 직업 가이드 제시
- 학교 및 직장 생활 가이드 제시
- 자녀 생활 및 유형별 진로지도 등에 사용한다.

MBTI 검사는 약 10분 내지 30분 정도 걸리는데 누구나 쉽게 할 수 있다.

- 사이트

  https://www.kmbti.co.kr

  https://www.16personalities.com

- 앱

  MBTI 테스트 −16 성향 유형 검사, 궁합, 성향

검사 결과 16가지 성향별로 특징-전체적 특징, 강점, 약점, 대인관계, 이상적인 직업, 추천 직업 등이 제시된다. 검사 결과 출력되는 ISTJ형 예를 보자.

예 1. ISTJ 유형(원칙가, 대표 인물: 조지 워싱턴, 미국 전 대통령)

ISTJ 유형은 매우 신뢰할 수 있고 책임감이 강한 성격 유형으로, 계획적이고 실용적인 사고방식을 지니고 있습니다. 이들은 철저한 계획을 세우고 세부 사항에 주의를 기울이며, 구조적이고 조직된 환경에서 최상의 성과를 발휘합니다. 이러한 성격적 특성은 강점으로 작용할 수 있지만, 일부 상황에서는 단점으로 나타날 수 있습니다. 아래는 ISTJ의 주요 강점과 약점, 그리고 이들이 적합한 직업과 대인관계에 대해 설명한 내용입니다.

강점

계획적인 성향

설명: ISTJ는 미리 계획을 세우고 그 계획을 철저히 따르는 것을 좋아합니다. 이들은 삶에서 질서를 유지하고 조직된 상태를 유지하는 것을 중요하게 생각합니다. 무엇이 어수선할 때는 일을 완료하고 모든 것을 정리하기 전까지는 마음의 평화를 얻지 못할 수

있습니다.

책임감 있고 현실적인 태도

설명: ISTJ는 목표를 달성하고 프로젝트를 완수하기 위해 논리적인 접근 방식을 취합니다. 이들은 집중력이 뛰어나며, 주어진 작업에 전념할 수 있습니다. 종종 신뢰할 수 있고 믿음직스럽다는 평가를 받습니다.

전통과 법을 중시

설명: ISTJ는 기존의 규칙과 절차를 따르는 것을 선호합니다. 이러한 경향으로 인해 때로는 경직되고 융통성이 없는 것처럼 보일 수 있습니다. 그러나 이러한 특성은 안정성과 일관성을 유지하는 데 도움이 됩니다.

약점

고집스러움

설명: ISTJ는 질서와 규칙을 사랑하기 때문에 때로는 고집스럽고 자신의 방식에 집착할 수 있습니다. 이는 새로운 것을 시도하거나 문제에 대한 대안을 찾는 데 저항하게 만들 수 있습니다.

무신경해 보일 수 있음

설명: ISTJ는 충직하고 보호적인 성향이 있지만, 솔직하고 직설적인 표현이 때로는 다른 사람에게 상처를 줄 수 있습니다. 이로 인해 다른 사람들은 ISTJ가 무감각하거나 차갑다고 느낄 수 있습니다.

자책 경향

설명: ISTJ는 책임감이 강하고 열심히 일하기 때문에, 일이 잘 못되었을 때 자신을 지나치게 탓하는 경향이 있습니다. 이러한 성향은 스트레스를 유발할 수 있습니다.

ː 대인관계

ISTJ는 혼자 있거나 가까운 친구와 함께 시간을 보내는 것을 선호합니다. 이들은 가족과 친구들에게 매우 충성스럽고 헌신적이지만, 자신의 감정과 다른 사람의 감정을 이해하는 데 어려움을 겪을 수 있습니다. ISTJ는 감정을 잘 표현하지 않으며, 종종 다른 사람의 감정 신호를 놓치기도 합니다. 그러나 일단 친밀한 관계가 형성되면, 그 사람의 감정과 필요를 이해하기 위해 많은 노력을 기울입니다.

ː 이상적인 직업 경로

ISTJ는 질서가 잘 잡혀 있고 명확한 일정과 과제가 주어지는 학습 및 작업 환경에서 더 잘 적응합니다. 새로운 것을 배울 때, ISTJ는 실제로 유용하다고 생각되는 자료에 더 많은 관심을 가집니다. 구체적이고 사실적인 정보는 ISTJ에게 매력적이지만, 이론적이거나 추상적인 정보는 실용적인 용도를 찾지 못하면 가치가 없다고 여깁니다. 이들은 가치 있는 프로젝트에 엄청난 에너지를 쏟을 수 있지만, 무의미하거나 비실용적인 일에 시간을 낭비하는 것을 피합니다.

ISTJ는 질서, 구조, 인내가 요구되는 직업에서 뛰어난 성과를 보입니다. 정확성과 규칙에 대한 존중이 필요한 직업이 ISTJ에게 적합합니다. 안정성과 규칙을 중요시하는 직무는 ISTJ 성격을 가진 사람들에게 매우 매력적일 수 있습니다.

이러한 특성들을 고려할 때, ISTJ 유형은 다양한 직무와 역할에서 강점을 발휘할 수 있지만, 특정 상황에서는 자신의 성향을 조정하거나 다른 접근 방식을 고려하는 것이 필요할 수도 있습니다.

- **추천 직업**: 회계사, 감사관, 엔지니어, 변호사, 군인, 경찰관, 판사, 관리자 등

MBTI 유형은 이외에 15가지 성향이 있으며 각각 추천 직업이 있다.

2. ISTP(기술자, 대표 인물: 맥가이버)

- **추천 직업**: 컴퓨터 프로그래머, 엔지니어, 법의학자, 목수, 소방관, 경찰관, 기계공, 사진작가, 물리치료사, 파일럿, 소프트웨어 엔지니어, 과학자 등

3. ISFJ(수호자, 대표 인물: 마더 테레사)

- **추천 직업**: 회계사, 관리자, 은행원, 사무 관리, 어린이집 교사, 상담사 간호사, 법무사, 사회복지사, 교사 등

4. ISFP(예술가, 대표 인물: 레온 번스타인)

- **추천 직업**: 예술가, 작곡가 또는 음악가, 셰프, 디자이너, 산림 경비원, 간호사, 자연 보호 활동, 소아과 의사, 심리학자, 사회복지사, 교사, 수의사 등

5. INFJ(공감자, 대표 인물: 오프라 윈프리)

- **추천 직업**: 예술가, 배우, 기업가, 종교 관련 종사자, 음악가, 사서, 상담사, 심리학자, 작가, 교사, 사진작가 등

6. INFP(이상가, 대표 인물: 다이애나 공주)

- **추천 직업**: 예술가, 상담사, 그래픽 디자이너, 사서, 심리학자, 물리치료사, 사회복지사, 작가 등

7. INTJ(연구자, 대표 인물: 아인슈타인)

- **추천 직업**: 과학자, 수학자, 엔지니어, 치과의사, 의사, 교사, 판사, 변호사 등

8. INTP(사색가, 대표 인물: 이마누엘 칸트)

- **추천 직업**: 화학자, 물리학자, 컴퓨터 프로그래머, 법과학자,

엔지니어, 수학자, 약사, 소프트웨어 개발자, 지질학자 등

9. ESTP(활동가, 대표 인물: 도날드 트럼프)

- **추천 직업**: 컴퓨터 지원 기술자, 탐정, 기업가, 마케터, 응급구
  조사, 경찰관, 영업 사원 등

10. ESTJ(행정가, 대표 인물: 알렉 볼드윈)

- **추천 직업**: 경찰관, 군인, 판사, 정치인, 교사, 학교 관리자, 비
  즈니스 관리자, 회계사, 은행원 등

11. ESFP(연예인, 대표 인물: 매릴린 먼로)

- **추천 직업**: 예술가, 배우, 상담사, 사회복지사, 운동 코치, 보육
  교사, 음악가, 심리학자, 인사 전문가, 패션 디자이너 등

12. ESFJ(친절가, 대표 인물: 샘 월턴(미국 월마트 창업자))

- **추천 직업**: 보육 교사, 간호사, 교사, 사회복지사, 상담사, 의사, 접수 담당자, 경리, 사무 관리자 등

13. ENFP(열정가, 대표 인물: 로빈 윌리엄스)

- **추천 직업**: 심리학자, 기자, 배우, TV 앵커/리포터, 영양사, 간호사, 사회복지사, 정치인, 상담사 등

14. ENFJ(연설가, 대표 인물: 버락 오바마)

- **추천 직업**: 상담사, 교사, 심리학자, 사회복지사, 인사 관리자, 영업 대표, 관리자, 기자 등

15. ENTP(발명가, 대표 인물: 에디슨, 월트 디즈니)

- **추천 직업**: 엔지니어, 변호사, 과학자, 심리학자, 발명가, 정신

과 의사, 기자 등

16. ENTJ(지도자, 대표 인물: 빌 게이츠, 프랭클린 루스벨트)

- **추천 직업**: 인사 관리자, 회사 CEO 또는 관리자, 변호사, 과학자, 소프트웨어 개발자, 비즈니스 분석가, 기업가, 대학교수 등

추가조사(1), 자기성찰과 주변인의 '나' 평가

⋮ 자기성찰

하워드 가드너(Howard Gardner)는 사람에게는 언어와 수리 지능뿐만 아니라 신체운동, 음악, 공간, 자연친화, 자기성찰, 인간친화 지능 등 8가지 다양한 지능이 있어 누구나 자신이 가장 좋아하고 잘하는 분야가 있다고 설명한다. 이를 다중지능 이론이라 한다.

심리학자 조지프 루프트와 해리 인햄은 '조하리의 창'(Johari's Window) 이론을 통해 사람들이 자신을 파악하는 데 4가지 영역에 대한 이해가 필요하다고 했다.

개방영역은 자신에 대해 본인과 다른 사람이 모두 잘 알고 있는 영역이다.

비밀영역은 본인에 대해 다른 사람은 모르고 자신만 알고 있는 영역이다.

무지영역은 자신에 대해 본인은 모르고 다른 사람이 알고 있는 영역이다. 이 영역은 주변인의 평가가 필요하다.

미지영역은 자신도 다른 사람도 모르는 영역이다.

자신을 최대한 이해하기 위해서는 자신의 객관적 서술과 주변 사람들로부터의 객관적인 평가를 받는 것이 중요하다. 이를 통해 자신의 강점과 약점을 파악하고, 미래 직업을 선택하는 데 큰 도움이 된다.

⋮ 어린 시절 회상

초등학교부터 고등학교까지 자신이 크게 고무되었던 다섯 가지 내외의 중요한 일을 차분하게 떠올려 보자. 이를 '**나**' 대신 '**그**'를 주어로 삼아 **3자 입장에서 300자 내외로 정리**해 보면 자신의 잠재력과 특성을 발견하는 데 많은 도움이 된다.

현재 중학교 3학년이거나 고등학교 1학년이라면 장래 직업 선택을 위해 어린 시절의 중요한 다섯 가지 일을 회상해 보자. 다음에 제시된 방법 외에도 자신이 무척 즐겁고 보람 있었던 일, 반대로 실망스러웠던 일 등 구체적인 과거 일일수록 더욱 좋다.

: 어린 시절의 취미나 관심사

어릴 적에 즐겁게 했던 활동이나 취미를 회상해 보자. 이 활동들이 무엇이었는지, 왜 그 활동을 즐겼는지, 그것이 나의 관심사나 장래 직업 선택에 어떤 영향을 줄 것인지를 생각해 보자. 이러한 회상을 통해 현재의 흥미와 직결되는 단서를 찾을 수 있다.

예시: 그는 초등학교 시절부터 컴퓨터 게임을 좋아했다. 단순히 게임을 하는 것뿐만 아니라, 게임의 그래픽과 스토리에 큰 흥미를 느꼈다. 부모님은 그의 관심을 이해하고 프로그래밍 책과 코딩 교육을 지원해 주었다. 그는 점점 자신만의 게임을 만들기 시작했고 친구들에게 자신의 작품을 자랑하기도 했다. 이러한 경험은 그가 나중에 게임 개발자가 되겠다는 꿈을 꾸게 만들었다.

: 가족과의 추억

가족과 함께한 특별한 순간들을 떠올려 보자. 이러한 순간들이

 직업 선택 학과 선택

나의 가치관과 가족 간의 관계를 어떻게 돈독하게 했는지를 생각해 보자. 가족과의 경험은 나의 성격 형성에 큰 영향을 미칠 수 있다.

예시: 그는 가족과 함께 매년 겨울에 스키 여행을 갔다. 스키를 처음 배울 때는 넘어지기 일쑤였지만, 아버지와 누나는 항상 그의 곁에서 지지해 주었다. 가족 모두가 함께 웃고 즐기며 서로를 응원하는 순간이 그에게 큰 힘이 되었다. 특히, 아버지가 차근차근 스키 기술을 가르쳐 주며 인내심과 끈기의 중요성을 강조했다. 이러한 경험은 그가 도전과 어려움을 극복하는 데 큰 도움이 되었다. 또한, 가족과의 유대감도 느낄 수 있었다.

학교나 사회 활동 경험

학교나 사회에서 참여한 활동들을 회상해 보자. 이 활동들이 나에게 어떤 의미가 있었는지, 무엇을 특별하게 잘했는지를 생각해 보자. 이를 통해 내가 어떤 환경에서 최선을 다할 수 있는지 알 수 있다.

예시: 그는 초등학교 5학년 때부터 학교 축구팀의 일원으로 활약했다. 매주 열리는 훈련과 경기에 참여하면서 팀워크와 책임감을 배웠다. 특히 6학년 때는 팀의 주장으로서 팀원들을 이끌며 리더십을 발휘했다. 이러한 경험을 통해 그는 조직 내에서 협력하고 소통

하는 방법을 자연스럽게 익힐 수 있었다. 또한, 축구 대회에서 우승을 경험하면서 자신감을 키울 수 있었다. 이 경험은 그가 나중에 리더십과 협동을 요구하는 직업을 선택하는 데 큰 영향을 주었다.

: 어린 시절의 역할 모델

어릴 적에 누구를 따라서 행동하고 싶었는지 기억해 보자. 그 역할 모델이 어떤 특징을 가지고 있었는지, 나에게 어떤 영향을 미쳤는지를 생각해 보자. 이는 나의 가치관과 인생 목표 설정에 큰 도움이 된다.

예시: 그는 초등학교 시절부터 할머니를 따라 요리를 배우기 시작했다. 할머니는 전통 음식을 매우 잘 만드는 분이었고, 손녀에게도 그 기술을 전수해 주었다. 그는 할머니와 함께 요리를 하면서 가족과 친구들에게 기쁨을 주는 일이 얼마나 보람찬 일인지 느꼈다. 할머니가 정성스럽게 음식을 준비하는 모습을 보면서 그는 요리에 대한 열정을 키워나갔다. 중학생이 된 후에도 주말마다 할머니와 함께 새로운 요리를 시도하며 창의성을 발휘했다.

: 어린 시절의 교훈적인 경험

과거에 겪은 어려움이나 실패, 혹은 성취와 성공한 경험을 떠올려 보자. 이러한 경험이 나의 인내심, 도전 정신, 혹은 목표 달성 능력에 어떤 영향을 주었는지 생각해 보자. 이를 통해 나의 강점과 약점을 명확히 파악할 수 있다.

예시: 그는 초등학교 3학년 때 학교 연극에서 주연을 맡았다. 하지만 첫 공연에서 긴장으로 인해 대사를 잊어버려 무대에서 멈춰 버렸다. 그 순간 그는 큰 당혹감과 실망을 느꼈지만, 선생님과 친구들은 그를 위로하며 다시 도전할 수 있도록 격려했다. 부모님 역시 그에게 용기를 북돋아 주었다. 이후 그는 매일 연습하며 자신감을 되찾았고, 다음 공연에서는 성공적으로 대사를 외워 무대를 잘 마쳤다. 이 경험은 그에게 실패를 극복하고 계속 도전하는 중요성을 가르쳐 주었다.

이러한 경험을 회상하면 나의 가치관, 관심사, 잠재적인 장래 직업에 대한 통찰력을 얻을 수 있다. 중ㆍ고등학교 생활 동안 이러한 것들을 고려하여 진로를 선택하는 데 도움이 될 것이다.

어린 시절 회상(5건 내외) → 〈표1, 135쪽〉 종합표 작성

기회 · 이벤트	
시기와 장소	
내용	내가 했던 일의 내용 중에서 내가 아주 잘해서 크게 고무되었거나 의외로 잘했다고 느꼈던 내용을 300자 내외로 서술
서술	내가 좋아하거나 잘할 수 있다고 생각한 직업은?

주변인의 '나' 평가

8가지 다중능력과 직업 중에서 **가족, 스승, 친구들**로부터 자신에게 맞는 대표적인 능력과 직업을 추천받는다.

⋮ **8가지**(세부 24가지) **다중능력과 직업**

지능영역	대표적 능력	인물	관련 직업
언어지능	어휘 이용능력 독해 능력 작문 능력	유재석, 셰익스피어, 조정래	언론인, 작가, 변호사
논리 · 수학	전략 게임능력 수학 능력 문제해결 능력	빌 게이츠, 스티브 잡스,	컴퓨터프로그래머, 수학자, 회계사
신체운동	균형 · 신체조절 능력 손재주 신체 표현력	손흥민, 호날두, 김연아	프로운동선수, 외과의사, 배우, 무용
음악	음악인식과 창작 능력 가창력 악기연주력	조수미, 금난새, 베토벤	가수, 연주가 작곡가
공간	방향 거리 · 3차원 인식 디자인 · 예술적 능력 구성 및 조립 능력	피카소, 가우디,	건축가, 미술가, 조종사
자연친화	동물행동이해 민감성 식물재배 및 인식 자연에 대한 흥미	허준, 파브르, 윤무부	수의사, 조련사, 한의사
자기성찰	자기능력 · 인식, 결정력, 타인과 관계형성 능력, 목표인식 · 관찰	성철스님, 프로이드	성직자, 심리학자, 정치가
인간친화	리더십 · 타인에 영향력, 타인 감정이해 능력 타인과 공동작업 능력	간디, 링컨, 처칠	교사, 영업사원, 정치인

자료: 다중기능연구소, www.multiiq.com, 『고등학교 진로와 직업』, ㈜성림출판, 2021

이 자료는 객관성을 높이기 위해 제3자가 정리하여 무기명으로 받으면 좋다. 운 좋게 나도 미처 몰랐던 나의 잠재력을 발견하는 경우가 있다.

평가를 부탁할 때 8가지(세부 24가지) 다중능력과 직업표를 평가해 줄 사람에게 제공하면 평가자가 나의 능력 분야와 직업을 추천하는 데 도움 된다.

주변인의 나에 대한 평가표 → 〈표 1, 136쪽〉 종합표 작성
(친구, 부모, 형제, 선생님, 주변인)

평가받는 이	
평가자	무기명
평가 년, 월	
성격	
흥미	
장점 · 잠재력	
보완할 점	
추천 직업	

첨부: 8가지(세부 24가지) 다중능력과 직업표

④ 추가조사(2), 가업 승계와 주변 인맥·환경조사

내 집안의 가업과 주변의 인맥·환경을 조사하는 것은 진로 결정에 중요한 역할을 한다. 가족과 주변 인물 중에서 직업 선택에 영향을 미칠 수 있는 사람들을 파악하고, 나의 신체적 여건과 가정환경 지도를 만들어 보자.

인맥과 환경에서 대표적인 예는 가업 승계이다. 또한 친구와 지인으로부터 사업체 정보 수집과 운영 방법에 대한 도움을 받아 원하는 사업이나 진로를 쉽게 선택할 수 있다. 산삼밭에서 산삼을 구하고, 부자 친구와 놀면 부자들의 행동을 배운다는 말처럼, 주위 사람들의 영향은 크다.

내 주변의 가업, 인맥 · 환경조사 → 〈표1, 136쪽〉 종합표 작성

조사대상	가업승계, 나의 주변 인맥과 지인
조사기간	
조사방식	부모 · 가족 · 선생님 · 친구의 도움

검사 결과

· 내 흥미 분야(주변의 인맥과 환경 중에서)

①   ②   ③

· 가업승계와 가정환경:

① 업종   ② 장래성   ③ 나의 관심 정도

· 주변 지인(인맥) 중 내가 관심 있는 업종 종사자는?

①   ②   ③

· 나의 신체적 여건, 학업성적 등 고려할 사항은?

· 나에게 적합한 대표 직업

①   ②   ③

가업 승계와 인맥조사,
최고의 직업 선택 방법 중 하나

가업 승계란 기업의 소유권과 경영권을 다음 세대, 즉 후계자에게 넘겨주는 것을 의미한다. 쉽게 말해, 부모님이 운영하는 가게나 회사를 자녀가 이어받아 운영하는 것을 뜻한다.

그리고 주변 인맥과 환경을 조사하여 내가 직업 선택에 도움을 받거나 롤모델로 삼아 같은 분야의 직업이나 사업을 나도 할 수 있는지 알아보는 것도 필요하다.

: 왜 가업 승계를 할까?

가업 승계는 가족이 함께 일궈온 기업을 다음 세대까지 이어나가 가족의 유대감을 강화하고 기업의 역사를 이어갈 수 있다. 새롭게 회사를 설립하는 것보다 이미 자리 잡은 기업을 이어받는 것이 더 안정적이기 때문이다. 가업 승계 분야는 농수산업, 건설업, 서비스업, 전문직, 예체능 등 다양하다. 아들, 딸이 이어받아 작은 김밥집, 라면 가게, 카페를 새로운 메뉴 개발과 SNS 홍보 방법으로 전국 또는 세계적 체인점으로 성장시킨 사례는 많다. 아버지가 일구어온 철물점을 이어받아 현대적인 건자재의 대규모 상점으로 확장하기도 한다. 오늘날 세계적 기업인 삼성도 작은 건어물 상회에서 출발했다.

독일과 일본은 세계적인 가업 승계 국가이다. 대를 이어 축적된 기술로 세계 최고 수준의 과학 기술국가로 발전했고, 수 백년 이어온 오랜 전통가계를 경영하는 가업 승계자들의 행복지수도 다른 직업인보다 높다. 한국도 가업 승계를 적극 권장한다. 오래된 기업은 세제 혜택도 크다.

ː 가업 승계의 장점과 단점

장점은 어릴 때부터 가업에 대해 배우고 경험하며 기업을 깊이 이해할 수 있으며, 안정적인 기반 위에서 시작할 수 있고, 가족과 함께 일하며 유대감을 돈독히 할 수 있다.

단점은 자신의 꿈과 맞지 않는 경우 부담감을 느낄 수 있고, 기존 방식에 얽매여 새로운 변화를 추구하기 어려울 수 있다.

가업 승계 시 고려해야 할 점은 후계자가 기업을 이끌어 갈 준비가 되어 있는지, 경영 능력을 갖추고 있는지 평가하는 것이다. 경우에 따라서는 동일한 업종의 큰 규모 회사에서 일정 기간 근무하여 상당한 경험을 쌓은 후 자신의 가업에 합류해 새로운 기술과 경영 방법을 도입하는 것도 좋은 방법이다.

가족 승계는 가족 구성원 모두가 동의하고, 명확한 역할 분담이 필요하다. 승계자는 기업의 재무 상태, 시장 경쟁력 등을 꼼꼼히 분석하여 미래를 예측해야 한다.

결론적으로 가업 승계는 개인과 가족, 그리고 기업의 미래를 결정하는 중요한 선택으로, 신중하게 고려하고 충분한 준비를 통해 성공적인 가업 승계를 이루어 가야 한다.

기업·사업 분야에서 가업 승계 성공 사례

노벨문학상 한강 작가와 한승원 소설가

아시아 최초로 여성 노벨문학상 수상작가로 선정된 광주태생 한강은 유명한 소설가 한승원이 아버지이다. 한강 작가는 어려서부터 아버지 곁에서 "아버지 나는 공상하면 안 돼?"라고 할 정도로 늘 공상을 즐기며 살았다. 항상 아버지를 지켜보며 자란 환경 때문에 한승원 작가 자녀들은 문학세계에서 두각을 보여주었다.

독일의 가족 소유 자동차 부품 제조업체

오랜 역사를 가진 독일의 가족 소유 자동차 부품 제조업체는 미래 자동차 시장을 예측하고, 친환경 자동차 부품 개발에 집중 투자했다. 꾸준한 연구 개발 투자를 통해 친환경 자동차 부품 개발에 성공하고, 글로벌 완성차 업체들과의 협력 관계를 구축하여 안정적인 판로를 확보했다.

한국 중소 제조업체의 스마트 팩토리 도입

국내 중소 제조업체가 4차 산업혁명 시대에 정부의 스마트 팩

토리 구축 지원 사업을 적극 활용하여 가족 승계자가 생산성을 향
상시키고, 제품 경쟁력을 강화하여 글로벌 시장에서 인정받는 기
업으로 성장했다.

한국 식당업으로 전통 맛을 현대적으로 재해석한 사업

오랜 역사를 가진 전통 한식당이 4세대 경영인의 주도로 젊은
세대의 입맛에 맞는 새로운 메뉴를 개발하고, 세련된 인테리어로
매장을 리뉴얼하여 큰 인기를 얻어 사업에 성공했다. 성공 요인은
시대 변화에 맞춰 소비자의 니즈를 정확히 파악하고, 기존 메뉴를
현대적으로 재해석하여 새로운 가치를 창출한 것이다. 또한 SNS
를 활용한 마케팅과 협업을 통해 젊은 세대와의 공감대를 형성하
고, 브랜드 이미지를 새롭게 구축했다. 이 기업은 가족 경영의 장
점을 활용하여 오랜 기간 축적된 노하우와 전통을 바탕으로 새로
운 사업 기회를 발굴하고, 가족 구성원 간의 긴밀한 협력을 통해
시너지를 창출했다.

초등학생 아들에게 20년 후 식당을 물려주고 싶은 아빠의 꿈

전남 화순군 읍내에 있는 닭칼국수 맛집 '화순집'에 가면 특별한
액자가 눈에 들어온다. 식당 주인 김수오 씨와 그의 초등학생 아들
휴원이가 어깨동무한 사진이다. 사진 옆 이런 글이 보인다. "3대
식당을 꿈꾸며… 2035년 1월 휴 남매에게 물려줄 그날까지 한결같
은 마음으로 삶겠습니다. Since 2015.1.31."

김 씨의 음식 맛과 운영 방식은 특별하다. '아끼면 망한다'는 그의 신념처럼, 식당은 항상 손님들로 북적여서 평일에도 20~30분은 기다려야 식사를 할 수 있다. 김 씨의 고등학생 큰아들과 중학생 딸은 수시로 식당에 나와서 아빠를 돕고 있다. 미래에 어떤 직업을 가질지 고민하기보다 최고의 음식 맛을 내고 식당을 잘 운영하는 법을 배우고 있다. 훌륭한 가업 승계가 기대된다.

허재 & 허훈 스포츠 승계

한국 농구의 전설로 불리는 허재는 선수 시절 뛰어난 득점력과 리더십으로 한국 농구의 황금기를 이끌었다. 허재의 아들인 허훈은 아버지의 뒤를 이어 프로 농구 선수로 활약하며 뛰어난 패싱 능력과 득점력을 선보이고 있다. 허재는 아들 허훈에게 농구 선수로서의 노하우와 경험을 전수하며 성장을 도왔다.

퀴리 부인 가족

마리 퀴리와 피에르 퀴리는 방사능 연구로 노벨상을 수상했으며, 그들의 딸 이렌 졸리오-퀴리 또한 남편과 함께 인공 방사성 동위원소 연구로 노벨 화학상을 수상했다. 퀴리 가문은 여러 세대에 걸쳐 물리학과 화학 분야에서 뛰어난 업적을 남기며 과학 발전에 크게 기여했다.

국내의 여러 분야에서도 대를 이어 가업 승계에 성공하는 경우가 많다.

가업 승계 성공 사례 정보

중소벤처기업부

중소기업의 가업 승계 지원 정책, 성공 사례 발표 자료, 관련 연구 보고서 등을 제공한다.

한국중소기업중앙회

중소기업의 현황과 애로사항을 파악하고, 가업 승계 관련 교육 프로그램 및 컨설팅을 제공한다.

키워드 검색 방법으로 인터넷에 '가업 승계', '성공 사례', '중소기업', '○○업종(예: 제조업, 서비스업)' 등의 키워드를 활용하여 인터넷을 검색하면 더욱 정확한 정보를 얻을 수 있다.

가업 승계처럼 직업 선택에는 가정환경과 자신의 신체적 여건, 그리고 학업·지적 능력을 고려하는 것이 중요하다.

또 같은 직업과 직장이라도 다양한 분야가 존재하므로, 좋아하는 직업은 쉽게 포기하지 말자.

예시: 음악 분야

음악에 관심이 있다면 음악인으로서 독자적인 가수나 연주자, 작사가, 작곡가가 될 수 있다. 또한 관련 기획사나 악단에 취직하여 인재 발굴, 기획, 영업, 행사 계획 등의 업무를 할 수도 있다.

예시: 체육 분야

체육의 경우 프로선수의 길도 있지만, 감독, 코치, 경기 분석, 행사 계획, 구단 관리자, 교사, 교수, 사회체육 지도자 등 여러 선택지가 있다.

같은 직장에서도 기획, 마케팅, 생산, 회계, 인사 관리, 홍보, 섭외 등 다양한 분야가 있다. 그래서 자신에 대한 정확한 진단과 정보가 중요하다. 이러한 다양한 가능성을 인지하고, 자신에게 맞는 길을 찾는 것이 필요하다.

⑤

종합 정리로
진로 결정

자기진단과 직업 선택 종합표를 작성한다

직업흥미검사, 자기성찰, 주변인의 '나' 평가, 가업 승계, 내 주변 인맥 · 환경조사 결과를 일목요연하게 작성한다.

〈표 1, A, B, C, D. 135~136쪽〉

나를 이해하기 위해서는 자신의 흥미, 적성, 성격, 가치관, 자신에게 주어진 신체적 조건, 가정환경, 교육제도, 지역적 환경, 문화, 사회적 풍토도 참고적으로 정리한다. 주변 전문가와 부모님의 조언도 충분히 듣고 자신의 직업 선택을 위한 종합 정리가 필요하다.

직업군 선택은

〈표 1, A, B, C, D. 135~136쪽〉 항목별 작성 후 중복이 많은 5개 직업을 중심으로 결과를 종합한 〈표 1, E. 137쪽〉을 작성한다.

최종 직업 선택 <표1, F. 137쪽>은

〈표 1의 E. 137쪽〉에서 선택한 5개 직업에 대하여 각각 흥미, 가치관, 연봉 등 항목으로 나와 적합(○) 부적합(×)인지를 다시 한번 고려하여 최종으로 2종류 이내의 직업을 선별, 선택한 후 고등학교 진로와 대학교의 전공을 결정한다.

A. 직업심리검사('고용24', '커리어넷')

구분	뛰어난 적성 · 흥미	관심 직업	검사 방법
적성검사			
흥미검사			
가치관 검사			
종합			

B. 어린 시절 회상 종합표

기회	잘했거나 고무된 일	관심 직업	비고
예) 봉사활동			
집안 행사			
체육활동			
종합			

C. 주변인의 나에 대한 평가 종합표

평가자	장점 · 잠재력	추천 직업	비고
선생님			
부모			
형제			
친구 A			

D. 내 주변의 가업승계, 인맥 · 환경 조사 종합표

내 관심 분야	주변 인사	내가 원하는 직업 순위	비고
예) 영화제작			
의사			
엔지니어			
가업승계			

E. 종합(A+B+C+D)

평가 방법	적성 · 흥미 잠재력	관심 · 추천 직업	비고
A. 직업심리검사			
B. 어린 시절 회상			
C. 주변인 평가			
D.가업, 인맥 · 환경			
종합			5개 내외 직업(E)

F. 최종 직업 선별(E 종합에서 선택한 빈도순으로 5개 내외 직업(E))

최종 순위	직업 종류(E)	흥미	내 능력	연봉	즐거움	안정성
1	예) 의사	×	○	○	×	○
	직업2					
	직업3					
3	직업4					
2	가업					

G. 직업 선별 결과에 따른 최종 2~3종류 직업 선택 후 진로와 학과 선택

나에게 맞는 직업을 선택하는 분석표 이용

적성 조사 · 자기성찰 · 인맥 지도 조사 과정을 통해서 최종 선택한 직업 종류를 만족도 분석 도표(그림 17)에 표시하여 최소한 d 영역의 직업은 피한다.

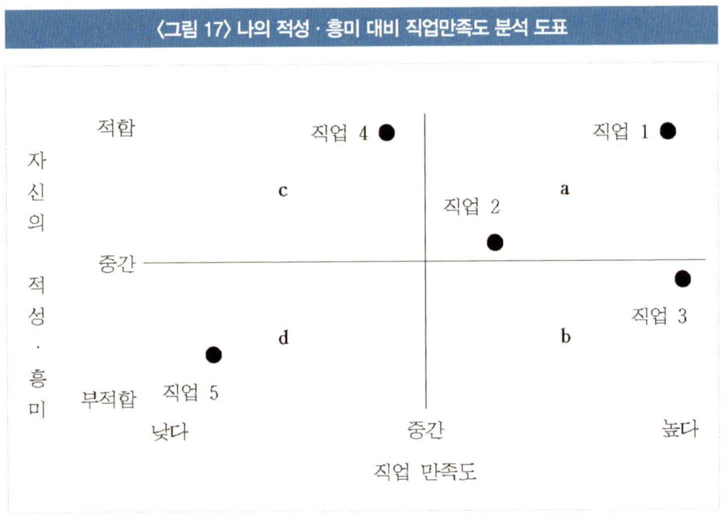

· 가장 바람직한 직업영역 a(직업 1, 직업 2)

· 중간 수준 만족 직업영역 b, c(직업 3, 직업 4)

· 피해야 할 직업영역 d(직업 5)

복수의 진로와 직업 선택을 염두에 둔다

대학교 1개 대표 축구팀에는 적어도 50명 이상이 뛰고 있으나 선수 중에서 2~3명만이 프로축구선수로 진출한다. 대부분의 운동, 예술 분야가 비슷한 실정이다. 공기업과 공무원, 전문직 시험 준비생도 마찬가지이다. 그래서 자신의 제2, 3의 진로와 직업을 염두에 두고 적기에 차선의 진로를 선택 한다.

그래서 대학교에서 복수 전공, 부전공이 필요하다.

적성검사 결과는 취업 후에도 요긴하게 사용

대부분의 회사와 조직은 경영, 기획, 영업, 인사, 회계, 생산 등의 다양한 분야로 구성되어 있다. 자신의 적성에 맞는 분야 근무를 요구할 수 있고 기업도 인재를 적재적소에 배치할 수 있어 좋다.

3장

직업탐색과 정보는 어디서?

'직업에서 성공하기'– 3단계

1. 직업 정보조사
2. 필요한 자격증, 교육훈련 조사
3. 진로와 직업 상담 – 전문가, 선배 직업인
4. 취업 희망 회사 조사
5. 취업을 위한 진로와 진학 결정
6. 취업 경로선택
7. 취업 준비 몰입

직업정보–'고용24'

자격증 정보–'큐넷'

교육훈련정보–'hrd'

한국잡월드–청소년 직업체험

①

직업의 종류와
미래사회의 직업 조사

'**고용24**'(**직업·진로 → 직업정보**)을 이용하면 전체적인 직업정보를 한눈에 본다.

한국직업정보 → 신직업·미래직업정보 항목에서 관심 있는 직업을 선택하여 자세한 정보를 확인할 수 있다.

한국의 전체적인 직업 종류는

「한국의 직업 종류」 부록 1(241쪽) 참조

(자료: 고용노동부)

'국가직무능력표준'(NCS: National Competency Standards) 누리집의
대분류(24분야)에서도 전체 산업 종류를 한눈에 볼 수 있다.

01 사업관리 02 경영 · 회계 · 사무 03 금융 · 보험

04 교육 · 자연 · 사회과학 05 법률 · 경찰 · 소방 · 교도 · 국방

06 보건 · 의료 07 사회복지 · 종교

미래 직업

: 선진국에서 미래의 직업 트렌드는

기술 발전, 인구 고령화, 환경 보호, 글로벌화 및 기타 사회경제적 요인에 크게 영향을 받는다. 2022년까지의 지식을 기반으로, 선진국에서 미래에 중요하게 여겨질 수 있는 직업의 종류는 다음과 같다(Chat Gpt4).

기술 및 인공지능 분야

AI 연구자 및 개발자

로봇공학 전문가

빅 데이터 분석가

사이버 보안 전문가

의료 및 건강 분야

의료 데이터 전문가

유전자 치료사

건강 기술 전문가

노인 건강관리 전문가

환경 및 지속 가능성 분야

재생 에너지 엔지니어

기후 과학자

환경 데이터 분석가

도시농부 및 수직 농장 관리자

교육 및 훈련 분야

온라인 교육 전문가

생애 교육 컨설턴트

가상 현실 교육 개발자

인간과 기계의 상호작용

인간-기계 인터페이스 디자이너

로봇 행동 전문가

드론 트래픽 관리자

문화 및 엔터테인먼트

가상현실 콘텐츠 생성자

전자 스포츠 매니저

경험 디자이너

사회 및 공공 서비스

공간 기획자

지역사회 건강 및 복지 전문가

재난 대응 전문가

금융 및 경제 분야

퀀트 전문가(Quantitative Analyst)

블록체인 개발자

한국에서 전망하는 미래의 유망분야는

기술·연구개발, 기계가 대체하기 어려운 노동· 서비스 분야이다.

즉 농업과 생명공학, 고부가 식품산업, 건강과 레저산업, 바이오

제약 · 의료기기, 해양산업, 신재생에너지 분야, 탄소 저감에너지, LED 응용, 그린 수송 시스템, 고도 물 처리, 첨단 그린도시, 방송통신융합, IT 융합 시스템, 로봇 응용, 신소재 · 나노 융합, 글로벌교육서비스, 콘텐츠 · 소프트웨어, MICE · 관광이다.

: 여성들에게 유망한 직종으로 예상되는 직업은

기업 홍보, 병원 경영, 소비자분석과 판매기술 개발, 인력 공급, 정보관리, 기업교육과 홍보영상 제작, 회사의 위험요인(이자율, 외부환경) 분석, 개인 주택 구입, 은행 선정과 융자신청, 패션 코디, 외국인 고용 전문가, 각종 모임 매니저, 숍마스터, 산후조리 관리, 건강체력 관리, 노인질환 관리, 금융포트폴리오 상담, 아동 놀이지도, 사이버교육 등이다.

핵심정리

한국에서 전망하는 미래의 유망분야는 기술 · 연구 개발, 기계 분야와 기계로 대체하기 어려운 노동 · 서비스 분야이다.

기간	분야	직업	상세	대체 가능성
10년 이내	제조업	생산라인 인력, 품질 관리, 창고관리	자동화, 인공지능	높음
	유통업	계산원, 영업 사원, 재고 관리	온라인 쇼핑 증가, 무인 매장 도입	높음
	서비스업	택시기사, 배달 요원, 콜센터 상담원	자율주행 기술, 인공지능 챗봇	높음
	사무직	데이터 입력, 정리, 서류 작업	자동화, 인공지능	높음
	금융	은행 창구 직원, 증권 거래원, 보험 판매원	AI 어드바이저, 금융 상품 온라인 판매	높음
20년 이내	건설업	건설 현장 인력, 굴삭기 운전사, 용접기사	로봇, 3D 프린팅 기술	높음
	운송업	버스 운전사, 트럭 운전사, 기차 운전사	자율주행 기술	높음
	농업	농작물 수확, 가축 사육	농업 로봇, 스마트 팜 기술	높음
	의료	진단, 처방, 간호	의료 인공지능, 웨어러블 기기	중간
	교육	초등, 중학교 교사, 과외 강사	온라인 교육, 개인 맞춤형 학습	중간
30년 이내	전문직	변호사, 회계사, 기자	법률, 회계, 기사 작성 자동화	낮음
	창의적 직업	작가, 뮤지션, 화가	인공지능 기반 콘텐츠 제작 기술 발전	낮음

이 표는 구글의 GEMINI를 이용한 미래 예측자료이며, 분석매체에 따라 결과는 약간 다르다. 실제로 사라지는 직업과 감소 폭이

다를 수 있다. 기술 발전 속도와 사회 변화에 따라 새로운 직업들이 생겨날 수도 있다.

특정 직업이 사라진다고 해도 개인의 역량과 노력에 따라 새로운 분야에서 일자리를 찾을 수 있다. 미래사회에서 경쟁력을 유지하기 위해서는 지속적인 학습과 새로운 기술 습득이 중요하다. 또한, 창의력, 문제 해결 능력, 소통 능력과 같은 인간만의 능력을 키우는 것도 중요하다.

직업정보 보물창고:
'고용24', '커리어넷', 유튜브

'고용24'에서는 다양한 직업에 대한 정보가 풍부하다.

'고용24'의 홈페이지(개인–취업지원–
취업가이드–직업정보에서 직업명으로 검색)에서
직업별 세부정보를 알 수 있다.
– 하는 일
– 교육/자격/훈련
– 임금/만족도/전망
– 능력/환경/지식
– 성격/흥미/가치관
– 업계 근무자의 동영상

유튜브에서도 직업 이름을 검색하면 직업에 대한
다양한 정보를 알 수 있다.

'커리어넷'에서도 적성검사와 직업흥미검사 결과를 바탕으로 검사자에게 추천한 직업에 대한 정보를 체계적으로 제공한다.

'커리어넷'(www.career.go.kr)에서는 직업·학과정보 → 직업정보 순으로 열람한다.

유튜브, EBS에서도 검색어로 직업별 정보 검색이 가능하다.

어린이와 청소년 직업체험 시설 '한국잡월드'

성남시 분당구에 소재한 고용노동부 산하 공공기관으로 어린이와 청소년의 재능과 직업에 대한 흥미를 알아볼 수 있는 종합직업체험관이다.

: 어린이·청소년 직업체험, '한국잡월드'

　　어린이 체험관에서는 만 4세에서 11세까지 어린이 눈높이에 맞추어 만들어진 직업 마을 놀이를 통해 다양한 직업을 체험하면서 자신의 꿈을 발견하도록 도와준다.

　　청소년체험관에서는 실제 근무환경과 유사하게 조성된 체험실에서 실제 직무와 미래 작업의 모습을 체험할 수 있다. 진로설계관에서는 놀이형 검사로 아이의 직업적성을 알아볼 수 있다.

교육부 누리집 '꿈길'

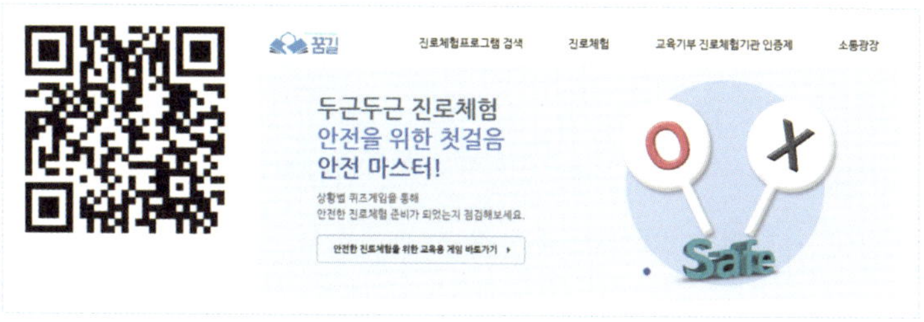

　　교육부가 운영하는 '꿈길'에서도 직업정보를 제공한다.

핵심정리

　　커리어넷, 고용24 웹사이트와 유튜브 등 검색을 활용하면 직업정보의 보물 도서관을 만날 수 있다.

3
자격증 정보 조사는
'큐넷'에서

'큐넷'(www.q-net.or.kr)에서 국가 자격, 민간자격, 외국 자격 정보 검색이 가능하고 자격증 종목별로 상세정보 – 시험정보, 우대 현황, 일자리 정보와 급여 수준 등을 한눈에 볼 수 있다.

〈그림 19〉 자격증 정보 – 한국산업인력공단 '큐넷'

'큐넷'에서 자격증 기출문제의 자료 열람이 가능하다.

'큐넷' → 전문자격시험 → 변리사 조회 예시

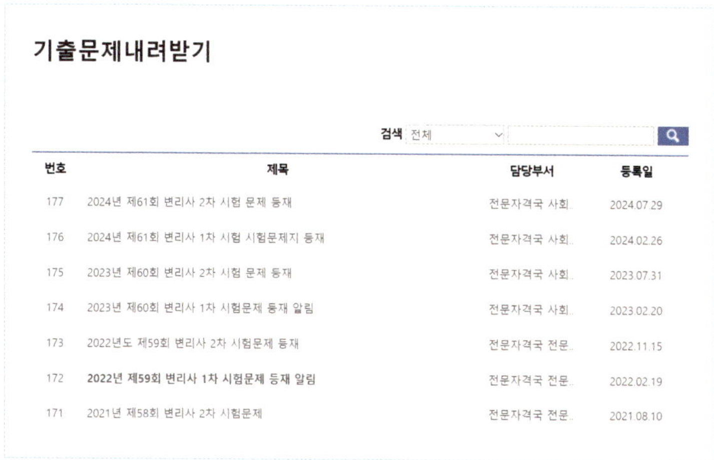

직업훈련교육 정보는 '직업훈련 포털'인 'hrd'

'직업훈련포털'(www.hrd.go.kr) 사이트에서 훈련정보, 자격 정보, 공개강의를 검색하여 훈련과정과 기관을 검색한다. 직업훈련에 필요한 교육비 지원은 '국민내일배움카드'를 신청해서 교육비 전액 또는 일부를 지원받을 수 있다.

∶ 직업훈련과 교육정보 포털 'hrd'

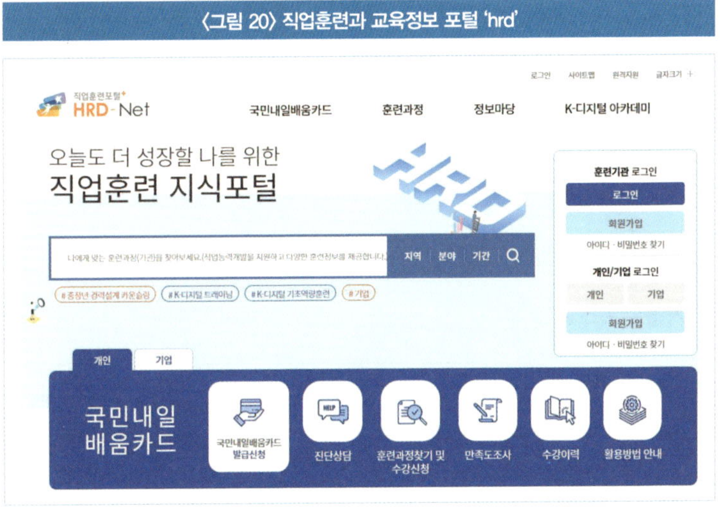

〈그림 20〉 직업훈련과 교육정보 포털 'hrd'

'국민내일배움카드'는 재직 중이거나 75세 이상 노인을 제외하고 취업을 원하는 성년은 누구나 무료 카드를 발행받아 자신이 취업하고자 하는 분야의 교육훈련을 받을 수 있다.

'hrd' QR코드에서 발급신청 할 수 있다.

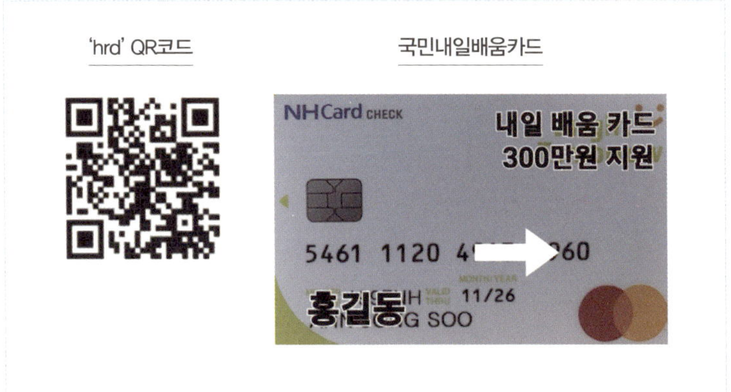

희망 취업분야의 직업인 상담은 필수!

청년들의 큰 갈증 중 하나는 자신의 멘토가 없는 것이다. 특별한 성공을 이루고 싶다면 멘토는 모든 분야에서 필요하다.

자신이 희망하는 분야의 전문가를 주변에서 3인 이상 찾아 직업의 환경, 내용, 전망, 보수, 장점, 애로사항 등을 청취하고 자문을 구하는 것이 중요하다.

주변에서 전문가를 만날 수 없다면, '고용24'의 직업정보나 유튜브에서 해당 직업 전문가를 검색하여 인터뷰 영상을 보는 것도 좋은 방법이다.

평생 종사할 직업이므로, 앞선 전문가와 선배들을 찾아 직업과 직장에 대한 의견을 들어야 취업 후 곧바로 후회하거나 퇴직하는 일이 없다. 그래서 선배 직업인 상담은 매우 중요하다.

집을 구입할 때도 현장을 최소한 5곳 이상 방문하고 최종 선택한 집에 대한 정보를 공인중개사무소 3곳에서 의견을 듣고 구입해야 큰 결함이 없듯이, 평생의 직업 선택에 후회하지 않으려면 해당 직업의 선배나 전문가와 상담하는 것이 필수이다. 선배 전문가는 친한 지인이 아니더라도 청년의 물음에는 기꺼이 응답한다.

첫째, 나는 불가능해 보이는 꿈을 이룬 멘토를 찾았다.
둘째, 멘토에게 꿈을 이루는 데 필요한 모든 것을 배웠다.

– 스티븐 스콧, 『내가 멘토에게 배운 것』

> **핵심정리**
>
> 원하는 분야에서 성공하기 위해서는 멘토를 찾고, 그들에게서 필요한 모든 것을 배워야 한다.
> 멘토와의 상담을 통해 직업에 대한 현실적인 조언과 지침을 얻으면 직업 선택의 방향성을 잡는 데 큰 도움이 된다. 청년들이 자신의 꿈을 이루기 위해 멘토를 찾아가고, 그들의 경험과 지혜를 배워가는 과정은 매우 중요한 단계다.

5

나도 취업할 회사를
면접해야 한다

취업할 회사를 선택할 때도 회사의 재무 상태, 근무 여건, 장래성을 꼼꼼히 파악해야 한다. **5년간의 재무 상태를 분석**하고, 근무 여건과 회사의 미래 가능성을 면밀히 조사하는 것이 중요하다. 이를 위해 회사의 연례 재무 보고서를 검토할 수 있다. 이러한 보고서는 '금융감독위원회' 홈페이지에서 확인할 수 있다.

재무제표의 주요 지표

재무제표는 회사의 재무 상태를 보여주는 중요한 문서이다. 여기에는 재무상태표(구 대차대조표), 손익계산서, 현금흐름표 등이 포

                                          직업 선택 학과 선택

함된다. 주요 재무 지표는 총자산, 총부채, 자기자본, 매출액, 순이익, 현금흐름 등이 있다.

: 재무상태표(구 대차대조표)

1. 총자산: 회사가 보유하고 있는 모든 것의 가치이다.
2. 총부채: 회사가 타인에게 지급해야 할 총액이다.
3. 자본: 자산과 부채의 차이로, 주주들이 회사에 투자한 금액과 그동안 쌓아놓은 누적 이익금이다.

: 손익계산서

1. 매출액: 상품 또는 서비스의 판매로부터 발생하는 총수익이다.
2. 영업이익: 매출액에서 직접적인 비용, 즉 매출원가(상품의 원가나 서비스 제공의 비용)를 제외한 금액이다.
3. 순이익: 모든 비용 및 소비세, 이자, 감가상각비 등을 제외한 순수익이다.

: 현금흐름표

1. 영업활동에서의 현금흐름: 일상적인 영업활동으로부터 발생하는 현금의 유입과 유출이다.

2. 투자활동에서의 현금흐름: 자산의 매입 및 처분과 관련된 현금의 유입과 유출이다.

3. 재무활동에서의 현금흐름: 부채의 변동, 주식 발행 또는 회수와 관련된 현금의 유입과 유출이다.

재무제표에는 주석이 포함되어 있어 주요 항목에 대한 자세한 설명과 함께 중요한 정보를 제공한다. 간단히 검토하는 것도 도움이 된다.

재무 비율을 통한 회사 평가

재무 비율을 사용하면 회사의 재무 건강 상태를 평가할 수 있다. 이는 회사의 안정성, 수익성, 유동성을 평가하는 데 중요한 지표이다. 주요 재무 비율에는 부채비율, 자기자본비율, 매출액 대비 영업이익률, 순이익률 등이 있다.

: 재무 비율을 볼 때 고려해야 할 점

부채비율은 회사의 총부채를 자기자본으로 나눈 비율이다. 이 비율이 높을수록 회사가 타인 자본에 의존하고 있다는 의미이며, 재정적으로 위험할 수 있다. 일반적으로 부채비율이 100%를 넘지 않는 것이 안정적이다.

영업이익률은 영업이익을 매출액으로 나눈 비율이다. 이 비율이 높을수록 회사의 본업에서 이익을 잘 내고 있음을 의미한다. 영업이익률은 10% 이상이면 양호한 편이다.

유동비율은 유동자산을 유동부채로 나눈 비율이다. 이 비율이 높을수록 회사의 단기 채무를 상환할 능력이 높다는 의미이다. 일반적으로 유동비율이 200% 이상이면 안정적이다.

취업할 회사를 면접하듯이, 회사의 재무 상태와 미래 가능성을 면밀히 조사하는 것은 매우 중요하다.

재무제표와 주석, 재무 비율 등을 통해 회사의 건강 상태를 평가하고, 자신의 커리어 목표에 부합하는 회사를 선택하는 것이 바람직하다. 재무 비율을 분석할 때 부채비율, 영업이익률, 유동비율 등을 깊이 있게 고려하여 회사의 안정성과 수익성을 평가해야 한다.

이를 통해 자신에게 적합한 직장을 선택하고, 안정적인 커리어를 쌓아갈 수 있을 것이다.

시간 경과에 따른 추세 분석

5년 동안의 재무 데이터를 비교하여 시간 경과에 따른 추세를 확인하면 회사의 재무 건강 상태가 어떻게 변화하고 있는지 파악할 수 있다.

경쟁사와 비교하는 것도 중요하다. 같은 산업 내 다른 회사와 비교하여 회사의 성과를 판단하면, 회사가 시장에서 어떻게 위치하고 있는지 이해할 수 있다.

재무 보고서 외에도 회사에 대한 최신 뉴스, 보도 자료, 산업 동향 등을 확인하는 것이 필요하다. 이러한 정보는 회사의 재무 건전 상태를 이해하는 데 도움이 된다. 또한 재무 전문가나 금융 분석가의 의견과 평가를 참고하면 더욱 객관적인 판단을 내릴 수 있다.

'네이버 증권'에서 주요 회사를 검색할 수 있다. 검색창에 회사명을 입력하면 주식 가격과 회사의 여러 정보를 확인할 수 있다. 증권회사 홈페이지에서도 증권 차트를 확인하면 회사의 과거 실적과 현재 가치를 읽을 수 있고, 회사의 장래성을 가늠해 볼 수 있다.

핵심정리

취업대상 회사는 전망, 재무 상태, 근무환경과 문화를 사전에 알고 가야 한다.

   직업 선택 학과 선택

실패할 수 없는
취업과 미래 전략

성공적인 취업을 위해서는 단계적으로 전략을 세워 실행하는 지혜가 필요하다. 큰 회사든 작은 회사든 신입사원뿐만 아니라 경력사원을 더 선호하는 경향이 있기 때문이다.

규모가 작은 회사에 첫 입사하면 다양한 분야를 경험할 수 있다. 이 경험은 후일 규모가 큰 회사에 근무할 때 중소기업에서 배운 회사의 전체적인 지식과 경험으로 큰 경영을 할 수 있게 해준다. 다양한 업무를 경험하면서 쌓은 전반적인 지식은 큰 조직에서 더 큰 가치를 발휘할 수 있다.

개인적인 창업을 고려할 때도 중소기업 근무 경험이 대기업보다 더 많은 도움이 되는 경우가 있다. 중소기업에서 일하면 경영, 재무, 마케팅 등 다양한 업무를 직접 경험할 기회가 많기 때문이다.

이러한 경험은 창업 시 필요한 다방면의 실무 능력을 키워준다.

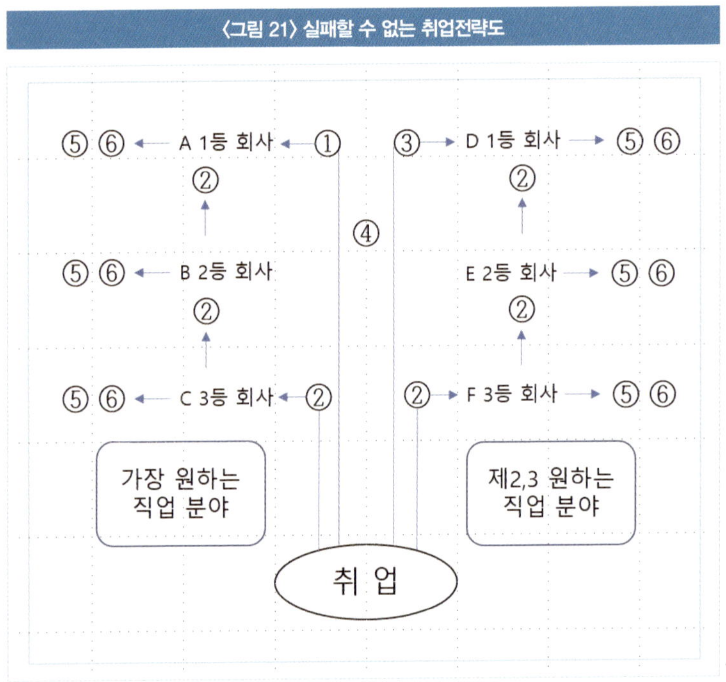

경력직 사원 채용을 선호하는 직장이 많아지고 있다.

① 가장 희망하는 분야의 1등 직장에 바로 취업

② 가장 희망하는 분야 또는 제2, 3 희망분야의 2, 3등 직장에 취업 후, 경력을 쌓아 1등 직장에 경력직으로 취업한다.

이 경우 지속적인 자기개발 노력 덕분에 장기적으로는 크게 성공할 가능성이 높다.

③ 제2, 3 희망분야의 1등 직장에 취업 근무 후 가장 원하는 분야의 1등 A 회사로 경력 전직

④ 제2, 3으로 희망하는 분야의 직장에 취업 후 가장 원했던 A 회사 또는 B 회사에 경력직으로 전직하는 경우

이 경우 자신의 경험했던 분야의 전문 지식을 새로이 전직하는 회사의 다른 사업모델에 융복합할 경우, 신기술 성취와 그로 인해 크게 발전할 가능성이 높다.

⑤는 최초 취업 직장에서 지속적인 실력과 기술 연마로 최고 직업인, 기술인, 경영자로 계속 성장한다.

⑥은 취업한 직장의 경력과 기술 기반으로 창업도 가능

취업 후 직업의 트렌드 변화와 100세 시대 대비

기술 변화와 사회적 환경 변화는 빠르게 진행된다. 자기 분야에서 새로운 기술 개발은 앞장서 습득해야 하며, 때로는 종사하는 업종을 바꾸어야 할 때도 있다. 끊임없는 관찰과 자기개발이 필요하다. 그래서 미래 계획을 세우는 것이 무엇보다 중요하다.

나의 직업과 미래 준비(100세 시대 대비)

연령대	근무 분야	목표 직위	자기 개발 내용
20대			전문 기술, 지식
30대			노후준비 – 연금저축 등
40대			새 기술, 자격증
50대			노후준비 – 새 직업, 취미
60대			노후 일자리 마련
70대 이후			건강과 여유, 노년 소일거리

 직업 선택 학과 선택

⑦ 내가 선택할 직업과 직장정보 정리

2장의 자신이 희망하는 직업 중에서

자신의 적성을 종합 진단하여 〈표 1, E. 137쪽〉

적합한 직업 2~3종류를 선택한다. 〈표 1, F. 137쪽〉

3장에서는 〈표 1, F. 137쪽〉의 선별된 직업에 대하여 고용24, 커리어넷, 유튜브에서 세부적인 직업정보를 조사하고 전문가들의 의견을 듣는다.

자격증과 교육훈련은 내 학습능력과 적성을 비교하여 취득 여부를 결정한다.

직업과 자격증 정보 등을 검토하여 나의 최종 직업(2~3종류)과 직

장을 선택했다면 그 직업과 직장에 대하여 세부항목을 구체적으로
정리한다.

정리 결과 선택한 직업이나 직장이 마음에 들지 않거나 취업여
건, 자격증 취득, 신체적 조건, 근무여건 등이 어렵다고 생각되면,
'자신의 진단'과 '직업정보'를 몇 번이고 반복 검토하여 다시 직업과
직장을 선택하고 필요항목 〈표 2, 3. 171~172쪽〉을 정리한다.

〈표 2〉 내가 선택한 **직업별**(2~3종류) 정리

항목	이용정보	내용 정리	비고
1. 하는 일	'고용24', 유튜브, 현장 방문 등		
· 좋은 점	선배 직업인, 유튜브, 인터넷 정보		
· 어려운 점	선배 직업인, 유튜브, 인터넷 정보		
2. 필요 자격증	'큐넷'		취득 가능 여부
3. 필요 학력 및 전공	'고용24', '큐넷'		
4. 교육 · 훈련	'커리어넷', 'HRD'		
5. 건강 및 신체 여건	근무 필요조건과 자신의 비교		
6. 부모 의견	필요		
7. 기타			

〈표 3〉 내가 선택한 **직장**(2~3곳) 정리

항목	이용정보	내용 정리	비고
1. 하는 일, 또는 생산 종목	'고용24', 유튜브, 현장 방문 등		
2. 업계 순위	증권사 등		
3. 성장 전망	증권사 리포트 등		
4. 급여수준	'인크루트', '사람인' 등		
5. 복지수준	회사 채용공고, '인크루트', '사람인' 등		
6. 근무환경			
7. 자기개발	연관된 자격증과 경력 진로		
8. 생활환경			
9. 기타			

4장

진로 선택과 대학 생활의
성공 노하우는?

대학 졸업 예정자의 정규직 취업률 30% 미만,
취업 준비 기간은 평균 졸업 후 2년 이상

'사이버진로교육센터' 누리집에는

학생, 선생님, 대학교 지도 교수를 위한 진로교육에 관한 교육 프로그램이 있다.

자료: '사이버진로교육센터'

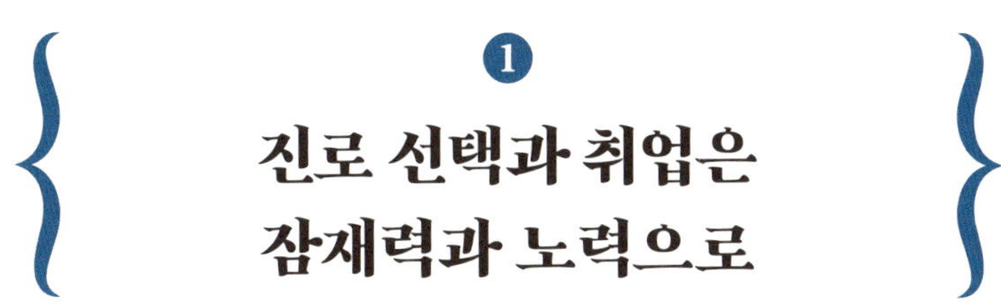

대학생은 왜? 진로가 뒤틀리고 취업이 어려운가

상당수의 학생들이 **'나를 모른 상태'**에서 고등학교 졸업 성적과 수능 성적 위주로 대학에 진학하여, 1·2학년을 표류하고 3·4학년에는 정확한 직업정보와 적성을 고려하지 못한 채로 급하게 취업 준비를 함으로써 취업이 어려워진다.

취업이 되더라도 직장에서 적성에 맞지 않거나 원만하지 못한 인간관계 갈등, 직무 불만으로 이직하고 심지어는 새 전공으로 진학하는 경우가 많다. 이로 인해 인생의 진로에 불확실성이 커지게 된다.

대학 진학 전 진로 검토는 왜 필요한가?

일반대학 고학력이 오히려 취업에 장애가 되어 청년들을 더 힘들게 하기도 한다.

자신의 적성과 진로를 조기에 찾아 진학하는 것은 자신의 장래 희망, 관심 분야, 능력 발휘에 도움이 된다.

특성화, 특수 목적 고등학교 진학

특성화 고등학교 진학을 꺼리는 것이 현실이다. 그러나 특성화 고등학교와 마이스터 고등학교는 특정 분야의 자격증을 통해 조기 취업뿐만 아니라 동일 분야로의 대학 진학에도 유리하다.

나의 사회생활 경험에 따르면, 특성화 고등학교에 진학해서 일찍 취업하고 세상을 공부함으로써 일반 고등학교와 대학을 졸업한 사람보다 경제적으로나 사회적으로 더 풍요롭게 사는 사람들이 많다.

특성화 고등학교와 마이스터 고등학교 졸업자는 시간이 지나면 중소기업체 오너가 되는 경우가 많지만, 일반 고등학교나 대학을 졸업한 사람은 대부분 월급 생활자가 되고, 조금 지나면 퇴직을 걱정하게 된다.

한국의 마이스터 고등학교는 특정 분야의 직업 교육을 중점으로 하여 학생들이 전문 기술을 습득하고 취업할 수 있도록 교육하는 고등학교이다. 마이스터 고등학교는 전국 여러 곳에 위치하고 있으며, 학교마다 특색 있는 교육 프로그램을 제공한다. 취업률이 높은 마이스터고는 시기와 지역, 관련 산업 분야의 상황 등에 따라 변동될 수 있지만, 몇 마이스터 고등학교는 꾸준한 취업률과 함께 좋은 평판을 얻고 있다.

자신이 이론보다는 특정 분야의 실무와 현장에 더 깊은 관심과 능력을 가지고 있다면 특성화 고등학교나 특목고에 진학하여 그 분야의 특화된 교육을 받아 일찍부터 전문가가 되는 방법을 고려해 보자.

한국 여자 프로골퍼들을 보면 조기에 자신의 재능 분야를 발견하고 집중적인 노력을 기울여 성공한 사례가 많다. 이러한 접근은 자신이 진정으로 원하는 분야에서 성공을 이루는 데 큰 도움이 된다.

∶ 고등학교 유형

일반 고등학교, 특성화 고등학교, 특수 목적 고등학교(과학고, 외국어고, 예술·체육고, 마이스터고), 자율형 사립·공립학교, 방송통신 고등학교, 산업체 부설 학교 등이 있다.

- '학교 알림이'(www.schoolinfo.go.kr)

  공시정보 → 공시자료 검색 → 학교명 입력

- '고입정보 포털'(www.hischool.go.kr)

  고교 정보 → 고등학교 구분 → 유형 선택

대학교 진학

교수, 변호사, 의사, 회계사, 고위 공무원, 교사, 과학자, 예술가 등 전문 직업인을 목표로 한다면 일반 대학에 진학하는 것이 일반적이다.

취업을 우선시하는 경우, 직업계 고등학교 진학을 망설인다면 전문 대학교나 일반 대학에서 자신의 적성과 전공 학과를 신중히 선택하는 것이 필요하다.

『좋은 직장 들어가기』의 저자 김재원은 대학생들이 취업이 어려운 개인적인 10가지 사유를 제시하고 있다. 이를 참고하면 취업에 해답을 찾는 데 도움이 된다.

1. 구직을 위한 적극적인 노력이 부족하다.

2. 필요 없는 자격증 취득에 시간과 돈을 낭비한다.

3. 구체적인 준비를 하지 않는다.

4. 안 될 곳만 골라서 지원한다.

5. 본인이 구체적으로 정리한 취업전략이 없다.

6. 이력서 사진에 신경 쓰지 않는다.

7. 취업 준비에 시간과 돈을 충분히 투자하지 않는다.

8. 자기 자신을 잘 모른다.

9. 전문가의 조언이 필요한데 조언자를 찾지 않는다.

10. 부모가 걸림돌이 되는 경우가 있다.

②

대학 생활에서
피해야 할 것

성적에 맞추는 대학 진학과 전공 선택은 피하자

▎성적 맞추어 전공 선택하기

"고등학생들이 대학을 진학할 때 적성에 맞추어 진학지도를 합니까?"라는 질문에 대해 어느 퇴직 교장 선생님은 이렇게 답했다. "특별한 경우가 아니면 성적에 맞추어 대학과 학과를 결정하지, 적성검사 결과를 제대로 반영하지 않는 것이 일선 학교의 실정이다"

이런 이유로 많은 대학생들이 졸업 후에도 적성이나 기대에 맞지 않아 어렵게 취업한 직장을 이직하거나 전업을 준비하는 경우가 많다. 심지어 전문대학교에 재입학하거나 전공을 바꾸어 다시 졸

     직업 선택 학과 선택

업하는 사례도 흔하다.

흡연과 폭음, 그리고 무절제한 대학 생활은 인생에 나쁜 영향을 끼칠 수 있다. 한두 잔의 술은 심장병과 동맥경화증을 예방하지만, 많은 양의 술은 백혈구 수를 감소시켜 각종 감염성 질병에 취약하게 만든다. 장기간의 과도한 음주는 뇌를 위축시키고 사고력과 기억력을 감소시켜 언어장애와 성격장애를 초래할 수 있다. 특히 여성은 적은 양의 알코올로도 간 경화나 심장병에 걸릴 확률이 높다. 흡연의 피해는 폐암, 불면증, 만성피로, 무력감 등 다양하다.

폭음과 흡연의 가장 심각한 피해는 결혼 후 태어날 아이가 지체장애가 될 확률이 높다는 것이다. 건강한 미래를 위해서는 이러한 습관을 조기에 바로잡는 것이 중요하다.

대학 생활 중에
놓치지 않아야 할 것

막연한 희망만으로 대학 입학은 NO,
확실한 목표가 취업을 보장한다

▌확실한 입학 목표

고등학교 시절, 나는 학교 도서관에서 미국의 저명한 신문기자이자 신문 경영인인 퓰리처(Joseph Pulitzer, 1847~1911)에 관한 전기를 읽었다. 오래된 책이었지만, 퓰리처의 일대기는 나에게 깊은 인상을 남겼고, 일류 신문기자가 되는 꿈을 꾸게 만들었다.

당시에는 나 자신의 적성을 몰랐고 적성검사가 오늘날처럼 발달하지도 않았다. '내가 누구인지 전혀 모르는 채' 막연히 퓰리처 같은 뛰어난 기자가 되기를 꿈꾸었지만, 실력 부족으로 희망하는 대학교 입학마저 좌절되었다. 막연한 희망과 부족한 준비는 결국 절망으로 끝났다.

이 절망은 참으로 깊었고, 곧바로 군 입대를 선택한 것은 피난처이자 내 꿈을 포기한 외로운 시기였다.

3년간의 군 생활을 마치고 취업을 위해 여러 곳을 기웃거렸지만, 인문계 고등학교 졸업자인 내가 갈 곳은 많지 않았다. 결국 청운의 꿈을 품고 광주에서 무작정 상경했다. 몇 달 동안 서울에서 서적 외판원 자리를 전전하던 중, 내 적성이 아니라는 것을 깨닫고 공무원 시험에 응시하여 서울시청에 들어갔다.

공무원으로 근무하던 중, 정부에서 해외 기술 연수생을 모집한다는 공문을 보았다. 지푸라기라도 잡는 심정으로 응모했는데, 뜻밖에도 최고의 성적으로 합격했다. 시험 성적이 발표되자 근무 부서도 내가 지원한 항공사진 연수 분야와 관련된 구청 주택과로 옮기게 되었다. 그러나 네덜란드 정부는 외국어 시험 성적이 우수하지만, 대학 전공 학과를 졸업해야 한다는 이유로 고등학교 졸업자인 나를 거절했다. 대학 진학이 절실해졌다.

나는 해외 유학이라는 분명한 목표를 세우고, 직장에서 가까운 대학의 야간 지리학과에 입학했다. 지리 분야는 항공사진 분야와 밀접한 관련이 있는 학과였다. 31살의 대학 입학은 늦었지만, 분명한 목표와 미래 희망을 가지고 입학한 것은 큰 즐거움이었다.

확실한 목표와 꿈을 가지고 입학한 덕분에 지도 교수님께서는 깊은 관심과 지원을 아끼지 않으셨다. 특히, 고의장 지도 교수님은 내가 졸업한 고등학교의 선배님이기도 했다. 목표가 확실하면 좋은 인연들이 스스로 찾아온다는 사실을 절감하게 되었다.

어느 날 교수님께서 "네덜란드 유학 후 현 직장 생활보다 대학교수를 해보면 어떻겠냐?"라고 권유하셨다. 당초 항공사진 분야 유학의 꿈은 아니었지만, 새로운 진로를 제시해 주셨다. 이후로도 그분은 내가 교수가 되는 꿈을 이루도록 지속적으로 보살펴 주셨다.

대학 입학 후 정확히 10년 만에 대학교수가 되어 고향에 있는 대학으로 부임할 수 있었다. 감개무량했고 그 후의 삶은 보람 있고 행복했다. 내가 대학 입학을 향한 확실한 목표와 노력이 있었기에 지도 교수님께서 앞길을 열어주신 것이다.

확실한 목표와 꿈을 가지면 인생의 멘토와 지지자를 만나게 됨을 다시금 깨닫게 되었다.

대학 홈페이지에서 '학사정보'는 꼭 숙지하자

학사정보는 수강신청, 학점 취득, 전과, 부전공, 복수 전공, 교직, 교환학생, 장학금, 졸업 등 대학 생활에 필요한 정보다. 그런데 일부 대학생들은 자신에게 꼭 필요한 학사일정을 놓쳐서 졸업이 늦어지거나 원하는 일을 못 하는 경우가 종종 있다.

초·중·고등학교 생활은 모든 교과 진도와 학교생활을 학교에서 단체로 진행해 준다. 마치 학생들이 집단으로 버스를 타고 여행하는 것이라면, 대학 생활은 자가용 승용차로 자신이 직접 도로를 운전해 가는 것과 같다. 수강할 강의 과목 신청은 완전히 내가 개별적으로 정하고 졸업에 필요한 학사일정도 스스로 진행해야 한다.

자가용 운전자가 도로교통법규를 사전에 알고 도로에 진입해야 하듯이 대학생은 정해진 기한에 맞추어 모든 학사 결정을 스스로 해야 한다. 그래서 대학생에게 학사정보는 운전자에게 도로교통법과 같다.

대학 시절에 자발적인 자기 주도적인 노력과 시의적절한 정보 취득은 졸업 후의 진로에 큰 영향을 끼친다. **대학 1학년 1학기부터**

학점은 중요하다. 재학 중에 전공학과의 전과나 복수 전공, 부전공, 해외 교환학생 신청 시 학점이 미달하면 안 된다. 전 과목 평균 최소한 B 학점 이상을 요구한다. 좋은 시작은 좋은 끝을 가져오는 절반의 성공을 보장한다.

대학은 자신의 실력을 최고로 만드는 기회다. "대학에서 잠을 자면 꿈을 꾸지만 지금 공부하면 꿈을 이룬다"고 한다. 대학에서 얼마나 노력하고 진로를 잘 찾는가는 평생을 결정하기 때문이다. 『하버드대학 공부벌레들의 30계명』의 저자 이우각은 대학 재학 중 성공은 아무나 하는 것이 아니라 철저한 자기관리와 노력에서 비롯된다고 말한다.

1시간 더 공부하면 배우자의 얼굴이 바뀐다고 한다. 대학에서 실력 향상과 성취에 최선을 다하는 것이 하버드대학생들의 성공 비법이다.

큰일을 이루려면 우선 작은 습관을 쌓는 일이 중요하다.

세계적으로 유명한 뉴욕의 한 발레리나는 아침 일찍 단순히 집을 나서는 습관을 10여 년 이상 지속했다. 집을 나서면 자연스럽게 택시를 타고 연습장으로 가고, 연습장에서는 3시간 이상을 연습하며 수년을 보냈다. '아침 일찍 정해진 시간에 기계적으로 집을 나선 것'이라는 작은 습관을 몸에 익힌 덕에 세계 최고의 발레리나가 될 수 있었다.

지도 교수님과 친하게 지내는 것도 중요하다.

학교에서 지정해 주는 지도 교수 제도는 원활한 대학 생활을 위한 경험 많은 멘토를 갖는 훌륭한 기회를 만들어 준다. 용건이 없어도 인사드리러 왔다고 다녀만 가도 된다. 학기 초에 수강 과목을 지도받고 방학 생활도 상의하자.

교수 지도를 자주 받으면 좋은 연구 참여와 아르바이트를 소개받을 수 있고, 스승과 제자의 관계를 돈독하게 할 수 있다. 훌륭한 제자에게는 기회가 많다.

신입생 세미나, 과 행사, 첫 수업은 꼭 참석

> 과목별 첫 수업은
> 꼭 참석하자!

과목별 첫 수업은 연간 계획과 한 학기 수업 진행 설명을 듣는 중요한 시간이다. 혹시 놓치더라도 참석한 친구에게 사후 설명을 꼭 듣자.

교양 과목으로 '결혼과 성', '미술사', '역사', '경제', '철학 개론', '사회학', '심리학' 등의 강의를 듣는 것이 좋다. 후일 사회생활과 교양 문화생활에 필수 과목이기 때문이다.

기업체 취업을 염두에 둔다면 '회계학'이나 '전산회계' 수강은 현명한 선택이다. 어느 기업체나 회계 분야는 핵심이기 때문에 취업 기회가 많다.

교양 과목은 단순한 학문적 지식을 넘어서, 삶의 다양한 측면에서 유익한 경험을 제공한다. 예를 들어, '미술사'는 예술적 감수성을 키우고, '철학 개론'은 논리적 사고를 향상시키며, '심리학'은 인간 행동을 이해하는 데 도움을 준다. 이러한 과목들은 인생을 더욱 풍요롭게 하고, 다양한 분야에서의 교양을 쌓게 해준다.

신입생 세미나와 과 행사에 꼭 참석하자. 이는 동기들과의 유대감을 형성하고 선배들로부터 유익한 정보를 얻을 수 있는 기회다. 또한, 학과 생활에 필요한 다양한 정보를 제공받을 수 있다. 이러한 활동들은 대학 생활을 더욱 풍성하게 만들어 준다.

복수 전공을 생각하고, 교환학생 프로그램에도 참여하자

교환학생을
신청하자

단일 전공으로는 장래를 보장하기 어렵다. 정해진 학점 내에서 복수 전공을 신청하는 것이 좋다. 요즘은 다양한 직업군에서 분야 간 융복합적인 지식을 필요로 하는 경우가 많아지고 있다.

복수 전공을 선택할 때는 내가 감당할 수 있는 과목이어야 한다. 새로운 과목을 2주 정도 들어보고 수강신청을 최종 결정한다. 포기할 과목을 대비해서 첫 수강신청 시 1~2과목을 여분으로 더해두고, 내용이 맞지 않으면 포기하거나 다른 과목으로 변경하여 수강한다.

외국 대학과의 교환학생 프로그램을 활용하면 그 효용성은 무궁무진하다. 국내 대학 간에도 교환 프로그램을 운영하는 학교가 많다. 대학 생활이 아니면 저렴한 비용으로 1년 정도를 다른 지역이나 외국에서 공부하며 그 나라 여행과 생활을 경험할 기회가 드물다. 취업지원 시 가점도 큰 덤이 된다.

성적관리를 성공적으로 하여 취업과 연계하는 것이 중요하다.

매일매일 적은 시간이라도 꾸준히 공부하는 습관을 들이자. 과제와 시험은 최소한 2주 전에 시작하고, 공부하기 좋은 도서관에서 혼자 공부하는 것이 효과적이다.

어려운 과목은 몇 사람이 함께 모여 공부할 핵심과 방향을 토의하고, 시험 보기 전에 다시 모여 문답식으로 정리하면 성적도 오르고 친구 간 협력하는 훈련도 된다.

필수 과목 중에 자신에게 버거운 어려운 과목이 있다면 선배의 책을 빌리거나 구입하여 학기 시작 전에 미리 훑어보고 과목을 듣게 되면 경쟁력을 보장받을 수 있다. 과제는 받자마자 시작해서 초벌, 다듬기, 마무리로 3번을 마치면 성공을 보장한다. 노트와 필기구는 좋은 것으로 마련하여 정성껏 사용하면 성적도 잘 나온다.

매 학기 두 과목 정도는 최고점을 노리는 것이 좋다. 학교생활에 자신감이 생기고, 교수님과의 관계도 좋아져 취업에도 도움이 된다.

1학년부터 발표 기회를 놓치지 말고 자원하자

> 발표 기회는
>
> 1학년 일찍부터

발표 기회를 일찍부터 잡고 최선을 다하는 것이 중요하다. 발표 실력은 평생의 자산이다. 서툴더라도 당당하게 시작하자. 결과는 다양한 방식으로 충분히 보상된다. 좋은 발표는 대학 생활과 졸업 후 사회생활에서 성공을 보장한다.

대학에서 발표는 자신을 알리는 중요한 상징이다. 좋은 발표를 일찍 시작하는 것이 중요하다. 발표에 관한 전문서적 한 권 정도는 옆에 두고, 발표할 때마다 방법을 자주 읽어라. 또한 발표할 때는 첨단 기능과 최신 자료를 사용하는 것이 좋다.

나도 대학원 시절에 리포트를 발표할 기회가 있었다. 입시학원에서 잠깐 강의를 했던 소재라 자신 있게 발표를 했고, 그 덕분에 이후로는 그 강의에 참석한 동료들에게 상당한 인정과 대접을 받았다. 이후 30여 년간 수많은 발표를 진행하며 그 효과를 톡톡히 누렸다.

: 효과적인 발표를 위하여

청중을 알아야 한다

발표 정보가 청중에게 가치가 있다는 것을 알리고, 듣는 입장에서 어떻게 말을 해야 관심을 끌 수 있을지 고민하라. 물론 과제 발표는 주제가 정해져 있기 때문에 주제에 충실해야 한다. 발표 시작 시 내용의 초점을 3~4개로 맞추고, 왜 그런 결론에 도달했는지를 설명하라. 이렇게 하면 청중의 집중도가 높아진다.

철저한 준비와 자연스러운 발표

발표장과 사용할 기자재는 며칠 전에 미리 파악하고 충분히 익힌다. 발표 자료와 장비의 능숙한 사용이 필요하다.

체계적이고 명확한 내용 전달

내용 글자는 최소한 18포인트 이상, 7줄 이내로 하고 사진과 그래프 등 증거자료를 충분히 제시한다. 자료가 한눈에 들어오기 위해 각각의 줄은 가급적 개조식으로 작성하고, 동사를 줄여서 명사로 마무리하여 최대한 짧게 작성한다.

청중 참여 유도와 공감대 형성

발표 중간에 청중을 참여시켜 공감대를 높인다. 동료 학생들과 교수님께 발표 중에 의견을 구하거나 내용 확인을 받으면 발표 내용에 공감을 높일 수 있다. 가끔은 자신의 경험담을 공유하여 집중을 유도하고, 유머를 통해 청중의 웃음을 이끌어 내는 것도 좋다.

발표의 시작과 끝을 명확히

끝낼 때는 발표 요지를 요약하고 청중들의 질문을 받아 문답한다. 이렇게 하면 발표가 깔끔하게 마무리된다.

글쓰기 훈련은 대학 재학 중이 최고의 기회다

> 글쓰기와 읽기는
> 일찍부터 시작

비판적 사고와 쓰기, 읽기를 훈련하는 것이 중요하다. 대한상공회의소의 최근 몇 년간 100대 기업이 원하는 인재상은 창의성, 도전 정신, 소통·협력, 전문성, 주인의식, 원칙·신뢰이다. 대학 생활 중에 많이 읽고 잘 쓰고 토론하는 생활을 일상화해야 한다.

비판적 사고, 쓰기, 읽기 훈련을 통해 어떤 사물이나 개념에 대해 열린 마음으로 분석 능력을 키우고, 요소 간 조합을 잘하는 조직화 능력을 기를 수 있다.

'인문학 고전 100권의 비밀'로 유명한 세인트존스대학은 별도의 전공이 없으면서도 미국 최상위권 대학으로 정평이 나 있다. 미국 최고의 기업들이 졸업생을 선호하는 이 대학은 100권의 책을 읽고 교수와 학생들이 서로 토론하는 것으로 유명하다. 그들은 항상 "왜?"라는 물음으로 토론을 시작한다.

효과적인 글쓰기 방법

효과적인 글쓰기 방법으로 다음과 같은 4단계 작성법을 추천한다.

1단계: 무조건 써본다

먼저 내가 좋아하거나 일상적인 주제를 가지고 생각나는 대로 노트에 적어 내려간다. 글 쓰는 습관이 어느 정도 생기면 주제를 구상해 보자. 머릿속에서 대략 계획을 구상하여 주요 목표와 세부 목표를 세운다. 자신의 생각을 요점 정리 한다.

2단계: 아이디어를 추가한다

생각한 요점을 정리하여 새로운 아이디어를 더한다. 잘 써야 한다는 생각보다는 아이디어를 명확하게 진술하고 이를 논리적이고 구체적으로 써 내려간다.

3단계: 독자의 요구를 파악한다

독자의 요구와 태도, 원하는 정보를 조사하여 독자와 공유할 수 있는 목표와 내용으로 방향을 잡는다. 독자의 입장에서 생각하며 글을 작성하는 것이 중요하다.

4단계: 글의 구성을 점검한다

전체 글의 요점을 명확하게 하고 글의 구성과 설득력을 다시 진단한다. 물론 띄어쓰기와 맞춤법을 점검한다. 최종 마칠 때까지는 반복해서 읽어보고 수정한다. 제3자에게 평가와 수정도 받는다.

대체로 좋은 글은 진실이 담기고 개성이 있으며 주제가 분명해야 한다. 정확한 인용도 글의 신뢰도와 품위를 높여준다.

군대 입대 시 취득할 자격증을 준비하자

군대 입대 시 자격증을 취득하는 것은 매우 현명한 선택이다. 일

  직업 선택 학과 선택

반사회에서는 자격증 취득에 많은 비용이 들지만, 군대에서는 원서에 사용되는 사진, 시험장 이동, 집체교육이 모두 무료다.

군대에서 2년간 4번의 자격증 시험을 볼 수 있다. 사회에서 학원에 다니면 시간과 상당한 비용이 들지만, 노력과 의지만 있다면 군대에서는 비용 없이도 자격증 획득이 가능하다.

취업 맞춤 특기병 제도를 활용하자. '병무청'의 '취업 맞춤 특기병'은 병무청, 교육부, 고용부, 중기부, 보훈처가 연계한 특기병 제도이다. 실업고와 특성화고 졸업자 중심으로 특기병이 입영하고 있으며, AI나 SW, 드론 등 첨단분야와 자동차 정비 등 다양한 분야에서 특기병 제도를 활용할 수 있다.

좋은 인간관계는 행복의 열쇠, 대학 생활은 그 시작이다

> 인간관계는
> 훈련과 체득

지도 교수들이 기업으로부터 학생 추천을 의뢰받을 때 가장 많이 요구하는 인재상은 "인성이 좋은 학생을 보내주세요, 일은 회사에서 가르치면 됩니다"라는 것이다. 인성이 좋다는 것은 곧 인간관계가 원만하다는 것과 같다.

많은 사례 연구들은 인생의 행복을 결정하는 가장 중요한 요소가 인간관계라고 한다. 인간관계에 관한 책을 한두 권 곁에 두고 틈나는 대로 읽어 몸에 익히자.

성경에는 "남이 나에게 해주길 원하는 대로 남을 대접하라"는 구절이 있다. 상대방을 배려하고 겸손한 마음(下心)으로 대하라는 뜻이다. 그 사람의 입장에 서보지 않고는 함부로 비난하지 말고, 상대방을 진심으로 배려해야 한다.

좋은 인간관계를 맺으면서도 자기방어에 소홀해서는 안 된다. 살다 보면 뜻하지 않게 가까운 사람으로부터 곤경을 당할 수도 있다. 남의 말과 행동을 자신의 냉철한 머리와 따뜻한 가슴, 가까운 사람과의 상의를 통해 여과하여 판단해야 어려움에 처하는 것을 사전에 방지할 수 있다.

장학금을 찾는 노력을 하자. 장학금을 찾는 노력은 대학 졸업자의 진로와 취업에도 큰 도움이 된다. 교수님과 학교 장학부서, 지역사회의 시군청, 로터리클럽, 라이온스클럽 같은 사회단체, 기업체, 또는 집안의 성씨 사무소를 방문하여 문을 두드려라.

의외로 장학 담당자는 당신의 방문을 기다리고 있는 경우가 많다. 장학금을 받는 것 자체가 대학 졸업자의 취업과 진로에 큰 장점이 된다.

낙천적이며 깔끔한 외모의
생활습관은 성공을 부른다

> 낙천적이고
> 깔끔한 외모

외모에 신경을 써야 한다. 옷이 날개라는 말이 있다. 이는 비싼 명품을 입으라는 것이 아니라, 매일 단정한 차림에 좋은 코디를 하면 자신감이 넘치고 주위 사람들에게 신뢰와 매력을 줄 수 있다는 의미이다.

이렇게 하면 내가 좋아하는 사람을 쉽게 얻을 수 있고, 나의 장래에도 탄탄한 길을 열어준다.

훌륭한 코디로 되살아난 나의 전신사진을 방에 걸어두고 자신감 넘치는 내 모습을 매일 본다. 마음에 오랫동안 그리면 결국 그렇게 된다.

웃으면 복이 온다. 내가 웃어야 긍정적인 분위기를 조성할 수 있고, 주변 사람들이 가까이 와서 좋은 정보도 주고 함께하려 한다.

깨끗한 환경은 능률을 높인다. 깨끗한 환경은 나를 기분 좋게 해주고 하루 출발을 상쾌하게 해준다. 일본의 한 회사에서는 대표가 매일 고무장갑을 끼고 화장실 청소를 직접 했다. 직원들도 아침에 잠깐 사무실과 책상 청소를 한 결과, 회사의 생산성이 청소 전보다 30% 올랐다.

일본의 많은 회사들이 5S 운동을 통해 정리, 정돈, 청소, 청결, 습관화를 내세워 성공적으로 품질과 생산성을 향상시켜 왔다. 이는 깨끗한 환경의 중요성을 뒷받침한다.

좋은 식생활과 운동 습관은 평생의 자산

> 좋은 식생활과
>
> 운동 습관

건강은 곧 실력이다. 건강은 좋은 식생활과 운동에 의해 뒷받침된다.

1주일에 5일은 달리기 30분 또는 빠르게 걷기 1시간, 그리고 상체 근육 기르기 20분이 필요하다. 자신의 꿈을 이루려면 체력과 자신감이 자산이다.

유능한 사람들은 여유가 있을 때 운동하는 것이 아니라 운동을

 직업 선택 학과 선택

하기 때문에 많은 일을 해낸다. 학습 능률을 올리려면 운동이 우선이다.

룰루레몬의 CEO 캘빈 맥도널드는 철인 3종 경기를 매년 3회 뛰는 철인이다. 그는 룰루레몬 스포츠 의류 판매를 4년간 연 매출 20%씩 증가시켰고, 에슬레저 전체 시장을 연 9%씩 키웠다. 그의 자기관리 정신과 체력에서 나온 추진력 덕분이다.

스트레스는 줄이고, 습관성 약물 사용을 멀리한다. 약물은 청년이 인생의 꽃을 피우기 전에 멸망하게 한다. 스트레스를 적게 받으려면, 해결하지 못하는 것은 마음을 비우거나 긍정적으로 생활해야 한다. 근심 걱정의 90% 이상은 걱정할 필요가 없거나, 걱정해도 해결되지 않는다.

7시간 정도의 숙면은 보약이다. 매일 일정한 시간에 잠들고 일어나라. 나는 매일 정해진 시간에 국민체조, 턱걸이, 스쿼트 등을 30분 이상 하고, 하루 한 번은 멍 때리기 휴식 또는 명상을 10분 정도 하여 건강을 유지하고 있다.

식사 시간에는 가벼운 음식이라도 꼭 먹고, 평소에는 다양한 음식을 골고루 섭취하자. 모든 영양소는 흡수와 대사 과정에서 다른 영양소와 결합하여 상호 유기적인 관계를 형성하기 때문이다. 아침 식사를 거르고 점심과 저녁에 폭식을 하면 건강에 치명적이다.

식사에서 아주 중요한 것은 천천히 먹는 것이다. 식사를 조급하게 하면 중추에서 식욕을 조절하지 못해 과식을 하고, 그로 인해 각종 질병의 원인이 된다. 타인과의 식사 시 천천히 먹으면서 대화를 즐기는 것이 성공적인 인간관계의 비결이기도 하다.

19~29세 대학생의 영양 문제점과 영양 기준

한국영양학회가 제시한 대학생들의 식습관에 대한 문제점에 따르면, 남학생은 잦은 외식, 과다한 알코올 섭취, 편의점 식품을 자주 섭취하는 경향이 있다. 여학생은 잦은 외식, 아침 결식, 나트륨 섭취 과다가 문제로 나타난다.

2020 한국인 영양소 섭취 기준에 따르면, 남자 대학생의 하루 권장 칼로리 섭취량은 2,600kcal이며, 여학생은 2,000kcal이다.

대학생 시기는 신체와 정신이 모두 활발하게 성장하는 중요한 시기다. 올바른 식습관과 균형 잡힌 영양 섭취는 건강한 대학 생활을 위한 필수 요소다. 영양소 섭취 기준을 지키고, 건강한 식습관을 유지하는 것은 살아가는 데 있어 장기적으로도 큰 도움이 된다.

5장

당장 취업이
필요하다면?

취업포털 – 사람인

saramin
땡큐 베리 매치, 사람인!
로그인
채용정보
포지션MATCH
신입·인턴
기업·연봉
커리어성장
커뮤니티
공고를 찾는다면
제안을 받고싶다면
채용정보
포지션MATCH
신입·인턴
기업·연봉
커리어성장
커뮤니티
지역별
직업별
홈
홈
기업리뷰
클래스
홈
역세권별
HOT100
받은 제안
실시간 공고
연봉정보
멘토링매치
현직자 인터뷰
헤드헌팅
취업축하금
이력서 열람 현황
채용달력
면접후기
Ai자소서 코칭
프로 전문가
채용관
큐레이션
인재풀
신입연봉
기업연구소
이직로드맵
파견대행
프리랜서
자소서
기업큐레이션
취업TOOL
1:1 취업 상담
이력서 양식
'사람인' QR
'인크루트' QR

취업포털 – 인크루트

  구직을 할 때 '사람인'과 '인크루트'를 주로 이용하지만, 개별 회사와 각 지자체, '고용24'의 누리집 취업 정보 사이트 등에서도 많은 취업 관련 정보탐색이 가능하다.

1

취업 웹사이트,
구직 알선 단체 적극 방문

취업이 급하면 '고용24'를 이용하거나 고용노동부 지방사무소를 직접 방문해서 적성검사를 받고 **'내일배움카드'**를 발급받을 수 있다. '내일배움카드'는 취업에 필요한 교육훈련을 무료로 받을 수 있는 제도다. 재직자가 아니면 누구나 카드를 받을 수 있으며, 청년에게는 더 많은 혜택이 있다.

취업을 희망하면 미리 희망 직업 분야에 종사하는 사람들을 세 사람 정도 만나서 의견을 듣고 선택해야 한다. 이렇게 하면 취업 후 후회하는 일을 줄일 수 있다.

공무원, 공기업, 전문 직업 취업 외에도 다양한 취업 지원 프로그램이 있다. 아래는 활용할 수 있는 주요 기관과 프로그램이다.

1. 고용24: 구직 정보와 직업 상담을 제공하는 온라인 플랫폼
2. 청년창업사관학교: 창업을 희망하는 청년들에게 필요한 교육과 지원을 제공
3. 한국폴리텍: 기술 교육을 통해 취업 기회를 넓혀주는 기관
4. 건설근로자 공제회: 건설 근로자들에게 취업 지원과 복지 혜택을 제공
5. 스마트 인재개발원: 다양한 직업 교육 프로그램을 운영
6. 구청과 시청 취업센터: 지역별로 다양한 취업 정보를 제공하며, 취업 상담과 지원을 받을 수 있음
7. 농진청, 산림청: 농업과 산림 관련 직업정보를 제공하며, 관련 직업 교육 프로그램을 운영
8. 대한상공회의소: 산업별 직업정보와 취업 지원 프로그램을 운영
9. 지역 공단 사무소: 지역 산업과 관련된 직업정보를 제공하며, 취업 지원 프로그램을 운영

취업 준비는 다양한 정보와 지원을 통해 이루어진다. 희망하는 직업 분야에 대한 충분한 정보를 얻고, 적절한 교육과 훈련을 통해 준비하도록 하자.

창업 웹사이트(누리집) 방문

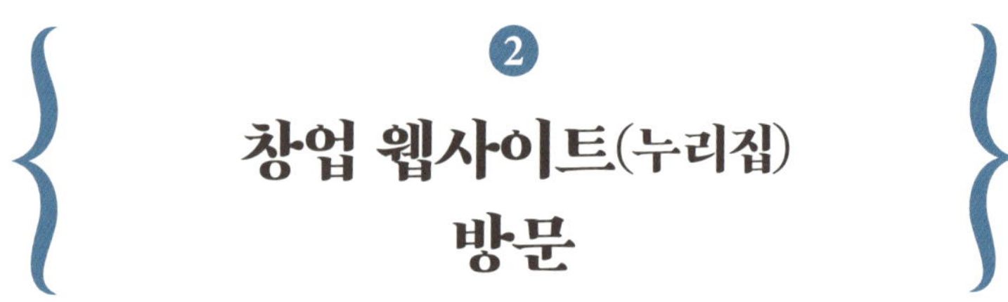

〈그림 22〉 '청년창업사관학교' 홈페이지

대표적인 창업교육훈련 기관은 중소기업벤처부의 K–Startup 창업지원포털과 **'청년창업사관학교'**이다.

'K-Startup'(창업지원포털)은 정부에서 운영한다.

'기업마당'(www.bizinfo.go.kr) 사이트에서는 창업기업, 예비창업자 대상 중소기업 지원사업 정보를 확인할 수 있다.

창업도 일정 기간 기업체에서 경험과 인맥을 쌓아야 성공할 확률이 높다.

개인기업과 중소기업에서는 규모가 크지 않아서 경영, 마케팅, 생산 등 모든 분야를 경험하기 좋은 곳이다.

　창업은 농수산업, 영농 산업, 건설, 첨단산업, 유통산업, 앱 개발, 제과제빵, 이·미용, 원예, 산림, AI, 에너지, 해외 취업 등 분야가 매우 다양하고 기회도 많다.

'온통청년' 누리집은 청년정책 보물창고

온라인 청년센터 '온통청년'은

정부의 공식 홈페이지로 청년정책을 통합검색 할 수 있다.

〈그림 23〉 청년정책 보물창고 '온통청년'(www.youthcenter.go.kr)

　청년의 취업, 창업, 주거, 교육, 경제·금융 등 국가의 전반적인
청년정책을 모아둔 정보 사이트다.

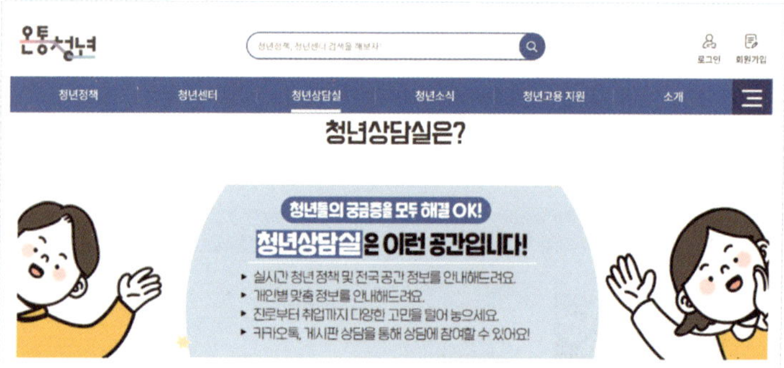

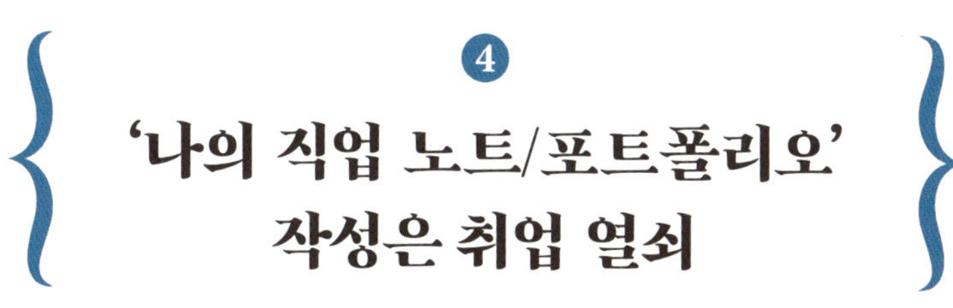

직업 선택과 취업에서 성공을 확실하게 하려면 관련 정보와 전문 지식, 그리고 자신만의 작품이나 개발 자료를 정리해 둬야 한다. 취업할 무렵에는 30~40쪽 분량의 프린트 수준의 자료집이라도 만들어 활용하면 큰 도움이 된다. 이는 자신의 일에 대한 긍지와 능력을 인정받는 데 유리하며, 창업과 취업에도 큰 도움이 된다.

예를 들어, 자동차 판매사원이 '자동차 선별과 구입 방법'을 정리한 자신만의 책이나 리플릿을 소비자에게 배부하면 대부분의 소비자는 이 판매원을 신뢰하게 될 것이다. 이 신뢰는 결국 더 많은 자동차 주문으로 이어질 것이며, 회사에서도 이런 전문 지식을 가진 직원을 우선 채용하게 된다.

직업 노트/포트폴리오 작성 방법

기초 자료 수집: 관련된 모든 정보와 자료를 수집한다. 관련 뉴스 기사, 연구 논문, 전문가 인터뷰 등을 포함시킨다.

자신의 경험 정리: 자신의 경험과 프로젝트를 정리한다. 성공적인 프로젝트와 배운 점, 실패한 프로젝트와 개선 방안을 기록한다.

비전과 목표 설정: 자신의 직업적 비전과 목표를 명확하게 설정하고, 이를 달성하기 위한 계획을 구체적으로 서술한다.

시각적 자료 활용: 그래프, 차트, 이미지 등 시각적 자료를 포함시켜 정보를 명확하고 이해하기 쉽게 전달한다.

평가와 피드백 반영: 동료나 멘토로부터 피드백을 받아 자료를 수정하고 보완한다.

자신만의 직업 노트나 포트폴리오는 단순한 자료집을 넘어서, 자신의 능력과 전문성을 보여주는 강력한 도구다. 이를 통해 취업과 창업에서 더 많은 기회를 잡을 수 있으며, 성공적인 직업 생활을 영위하는 데 큰 도움이 될 것이다. 꾸준히 자료를 업데이트하고 보완해 나가면 그 가치는 더욱 커질 수 있다.

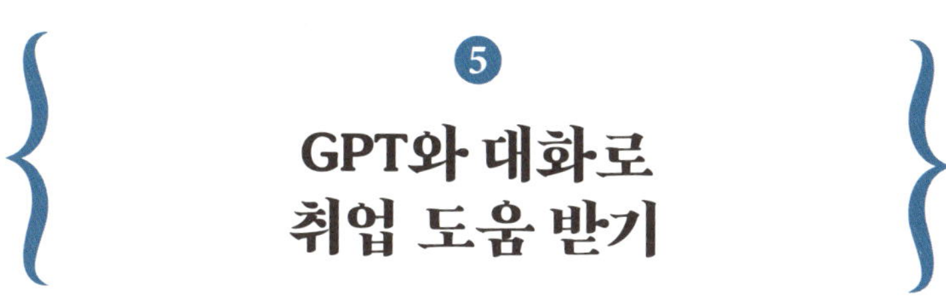

5

GPT와 대화로
취업 도움 받기

https://openai.com/gpt-4

누리집의 TRY ChatGPT 창에서 로그인

〈그림 24〉 AI-ChatGPT와 취업전략 대화창

로그인하면 메일 주소를 입력하거나, 자신의 Google 계정으로 들어가면 바로 대화 창이 뜬다. Message ChatGPT 창에서 자신이 원하는 것을 묻고 답할 수 있다.

문답은 가능한 구체적이고 자세한 정보를 주면서 순차적으로 서술해 가면 비교적 원하는 답을 얻게 된다.

답변의 정확도를 올리기 위해선 관련된 국문/영문 자료 및 웹사이트를 GPT에 올리면 도움이 된다.

진로와 취업 상담에 상당한 도움이 된다.

 직업 선택 학과 선택

물론 질문과 답변이 완벽하지 않으면 답 결과에 대해서는 다른 검색 수단으로 추가적인 검증이 필요하다.

한글로 문답이 가능하고 영어와 유료 서비스를 이용하면 좀 더 자세히 질문에 대한 답변을 얻을 수 있다.

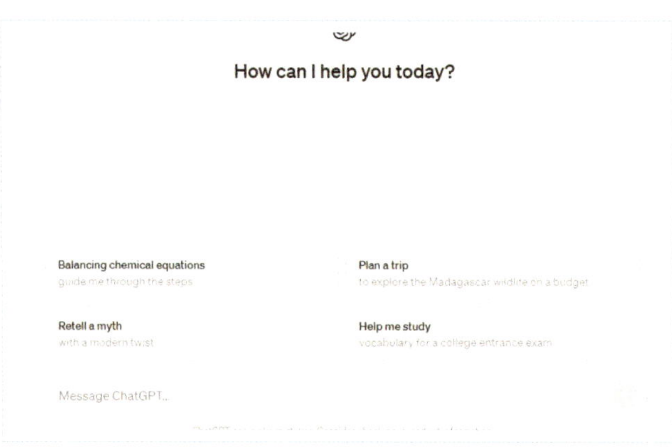

예) ChatGPT에 묻기

나는 서울 소재 대학교의 경영학과를 졸업하고 6개월 전에 회계사 시험에 합격했다. 서울 중심가의 외국계 은행에서 최소 연봉 8천만 원 이상으로 근무하고 싶다. 어떻게 하면 좋을까?

경영학 학위와 회계사 자격증을 가지고 계신다면, 외국계 은행에서의 경력을 쌓는 것은 좋은 선택일 수 있습니다. 이를 위해 몇 가지 전략을 제안해 드릴게요.

채용 정보 파악하기: 서울 중심가에 위치한 외국계 은행들의 채용 정보를 주시하고, 그들의 웹사이트나 채용 플랫폼을 통해 최신 채용 소식을 확인하세요. 이를 통해 적절한 경력과 기술 요건을 파악할 수 있습니다.

커리어 네트워킹: 경영학과 졸업생이자 회계사 자격증을 가진다는 것은 많은 은행에서 원하는 조건일 것입니다. 대학 동기, 교수, 선배, 동료, 그리고 취업 세미나 등을 통해 네트워킹을 활발히 하세요.

이력서와 자기소개서 작성: 경력과 관련된 경험을 강조하고, 회계사 자격증을 보유한 경력이 있음을 명확하게 표시해 주세요. 또한 외국계 은행에서 요구하는 역량에 맞추어 이를 강조하는 것이 중요합니다.

면접 준비: 면접에서는 외국계 은행이 원하는 역량과 자질에

대해 준비해야 합니다. 본인의 경험과 역량을 구체적으로 설명하고, 은행의 비즈니스 모델과 가치관에 대해 조사하고 이해하는 것이 도움이 될 것입니다.

자기개발: 채용 경쟁이 치열할 수 있으므로, 자신을 계속해서 발전시키는 것이 중요합니다. 새로운 기술이나 역량을 학습하고, 관련된 자격증을 취득하여 경쟁력을 높이세요.

이러한 전략을 통해 서울 중심가의 외국계 은행에서 최소 연봉 8천만 원 이상으로 근무하는 것을 이루실 수 있을 거예요. 함께 파이팅하세요!

이외에도 ChatGPT 창에서 자신의 적성·흥미검사 결과를 기반으로 자신이 잘할 수 있는 것, 자신이 좋아하는 것을 각 5가지 정도 나열하고 자신에게 적합한 직업을 추천해 달라고 질문을 넣으면 해당 직업을 제시해 준다. 구글(Google)의 Gemini와 문답하면 흥미 있는 직업 선택 결과를 보여준다.

이후 직업별로 취업 방법을 구체적으로 질문해 가면 진로 결정에 상당한 도움을 받을 수 있다.

6장

취업을 위한
실행계획과 정보

진로계획은 인생의 평생 계획이다.

아름다운 도시를 조성하려면 처음에 도시계획을
잘해야 한다.

인생도 성공하고 행복하려면 평생의 진로와
직업 계획을 어려서부터 잘해야 한다.

진로와 직업준비 시기가 이른 청소년기라서
선생님과 부모의 적절한 관심과 지도가 필요하다.
묘목에 지지대가 꼭 필요하듯.

실행 계획

즉시 실행이 중요하다. 씨앗을 땅에 뿌려야 열매를!

〈표 4〉 취업 실행계획표

준비 순서 중요 항목	할 일	실행 기간
1단계, 자신 진단 (자기 이해)	A. 진로흥미 · 적성검사('커리어넷')	초등 5 중 3
	B. 어린 시절 회상	고 · 대학생
	C. 주변인에 의한 '나' 평가	1차: 중3 2차: 고1
	D. 가업승계,주변 인맥 · 환경 조사	최종: 대1 각 여름방학

	E. 종합 정리 A~D 각 항목에서 중복 빈도 높은 적성과 직업 순으로 서열정리(5가지)	
2단계, 직업 · 자격증 정보조사	F. 최종 직업을 선별 – 직업 · 자격증 정보를 자신과 비교하여 최종 직업을 2~3개 선택	고 1, 대학교 1 여름방학
최종 진로 선택	진로를 선택 대학 전공 선택 **최종 취업**	대학교

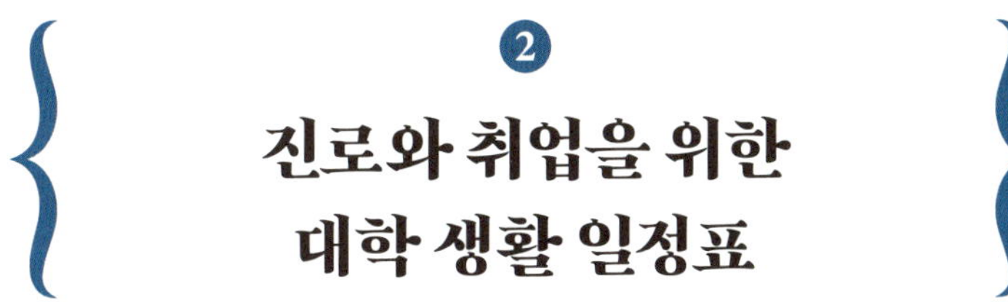

대학 입학 직후~대학 1학년 2학기 말

- 입학할 대학교 홈페이지를 탐색하여 학사정보 숙지와 중요 일정 메모
- 여름방학에는 적성검사 · 주변과 미래사회 · 기업 환경조사로 진로와 취업을 나에게 맞춤으로 정리
- 희망 직업 분야의 선배와 전문가 3인 이상 상담
- 발표 및 글쓰기 전공 서적, 인간관계 관련 서적 구독
- 동아리 선정은 5월 초까지 탐색 후 취미 · 취업과 연계

1학년 2학기~2학년 초 수강과목 신청 전

- 1학년 겨울방학 중에는 자신의 10년 계획을 세우고 역으로 일일, 월별, 1년, 3년 단위의 세부 실행계획을 세워 실천해 나간다.
- 전공 분야를 최종 결정하여 전과, 복수 전공, 재입학을 신청

※ 대학 학사 관련 프로그램 신청 시기는 대학마다 다름.

2학년 1학기~2학년 2학기

- 국내외 교환학생 신청
- 장학금 탐색과 신청
- 군 입대 시 전공 분야 근무를 위한 자격증 취득
- 입대 후에는 취업에 필요한 자격증 취득

3학년 1학기

- 전공과목과 복수 또는 부전공 과목 수강 신청
- 취업을 위한 세부적인 준비, 필요한 자격증 마무리
- 취업 희망 및 전공 분야에 집중적인 공부와 훈련

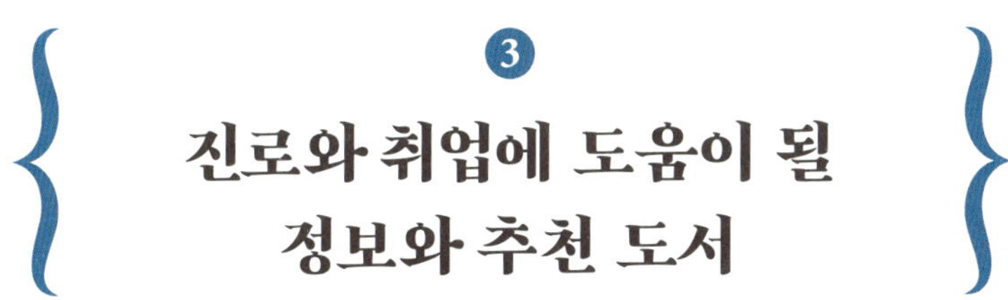

1) 주요 웹사이트

∷ **적성검사, 각종 직업정보, 채용 정보,
대학 학과별 진출 정보 등은**

· 고용노동부의 '고용24'(https://www.work24.go.kr)
· 한국직업방송(https://www.worktv.or.kr)

∷ **진로심리검사, 진로상담, 직업정보,
진로 동영상, 학과 정보 등은**

- '커리어넷'(https://www.career.go.kr)
- 한국직업능력연구원
- '한국MBTI심리연구소': 자기성찰조사 방법에 중점을 둔 사설 검사기관이다.

: 자격증의 모든 것(정보, 출제기준, 기출문제 등)은

- 한국산업인력공단의 '큐넷'(https://www.q-net.or.kr)
- 대한상공회의소자격평가사업단(https://licence.korcham.net)

: 직업훈련과 내일배움카드 발행은

- 한국고용정보원 'HRD-Net'(https://www.hrd.go.kr)

: 창업 분야 지원사업 및 창직 정보는

- 중소벤처기업연구원 '기업마당'(https://www.bizinfo.go.kr)

: 고등학교 정보, 한국교육개발원

- 고입 정보 포털(https://www.highschool.go.kr)
- 마이스터 고등학교(https://www.meister.go.kr)

우리나라 최고의 기술 명장을 길러낸다. 산업계와 맞춤형 교육으로 경쟁률이 높다.

- 특성화 고등학교(https://www.hifive.go.kr)

  농·생명 산업, 공업, 상업, 수산·해운, 가사·실업 등 전문 인력을 배출하고 실습 시간이 많다.

미래직업 탐색 및 취업문답

- https://openai.com/index/gpt-4/
- https://gemini.google.com/app

주요 통계 및 보도

- 통계청(https://kostat.go.kr)
- 경향신문. 동아일보, 조선일보, 한국경제, 중앙일보

평생 무료교육 웹사이트

- 국가평생교육('늘배움')
- 서울시평생교육('서울런4050')

기타 정보

· 건설근로자 공제회, '건설일드림'(www.cw.or.kr)

· 농촌진흥청의 농어민 후계자 육성, '똑똑청년농부'

· '한국폴리텍 대학'

· 에듀넷(https://www.edunet.net)

· EBS(https://www.ebs.co.kr)

2) 추천 도서

• 임성미, 『**내 꿈을 열어 주는 진로 독서**』, 꿈결, 2022, 문화관광
체육부 우수교양도서

나와 나의 강점을 발견하고, 적성에 맞는 직업을 소개한다. 삶의
기초 능력을 기르고, 인성을 가꾸는 사례.

• 조은순, 『**스무 살의 폴더**』, 양서원, 2013.

대학에서 오랫동안 학생을 지도해 온 교수가 학생들의 고민을 중
심으로 부모님의 입장에서 바라보기도 했다.

· 대학 첫 학기, 자유와 자율 사이, 대학생이 보는 직업의 세계

· 살아보니 학력이 주는 것은, 대학생들이 궁금한 10가지

• 칼 뉴포트 저/이영선 역, 『**성공하는 사람들의 대학 생활백서**』,
한언, 2005.

미국 아이비리그 다트머스 대학을 졸업한 수재로 성공적인 대학 생활을 위한 다수의 기고가 있다. 실용적인 정보가 가득하다.

· 수강 신청부터 교환학생까지 성공적인 학교생활의 시작

· 보고서 쓰기부터 시험 전 휴식까지 성공적인 성적관리 비결

· 식습관부터 인간관계까지 성공적인 생활 자세의 중요성

· 정영미 외 3인, 『**진로력, 10년 후 내 아이의 명함을 만든다**』, 라이스메이커, 2013.

KBS, EBS, SBS에서 교육과 다큐 프로그램을 담당한 방송작가들이 생생하게 진로의 문제점과 해결 방향을 제시한다. 어머니가 자녀의 진로에 가장 큰 영향(41.1%)을 준다. 그러나 진로 직업 관련 정보원은 어머니가 8.4%로 인터넷 포털사이트 35%에 훨씬 미치지 못한다.

· 자녀, 길을 잃다.

· 부모와 자녀, 동상이몽

· 선진 진로교육에서 배운다.

· 우리의 미래를 위한 교육

· 나를 찾아서, 꿈을 찾아서

· 토드 버몬트 저/유순신 역, 『**내가 찍은 회사 들어가는 17가지 방법**』, 국일증권경제연구소, 2003.

· 자신을 자랑스럽게 여겨라.

- 나만의 장점을 발견해서 정리해라.
- 정말로 원하는 직장을 콕 찍어라.
- 완벽하게 리허설을 하라.
- 회사가 좋아하는 인재들의 공통점
- 실전에서 성공하는 결정적 노하우
- 인터뷰하기 좋은 최고의 시간

- 김재원, 『**좋은 직장 들어가기**』, 기획출판, 2003.
  학생들에게 지도한 취업 전문 강좌를 기초하여 저술
  - 대학생들이 취업 안 되는 10가지 이유, 좋은 직장을 선택하는 방법
  - 입사서류 작성법과 면접의 기술

- 돈 리처드 리소·러스 허드슨 저/주혜명 역, 「**에니어그램의 지혜**」, 한문화, 2004.

인간의 9가지 성격유형을 스스로 판단할 수 있는 설문을 제공해 준다. 9가지 유형은 1 개혁가, 2 돕고자 하는 사람, 3 성취하는 사람, 4 개인주의자, 5 탐구자, 6 충실한 사람, 7 열정적인 사람, 8 도전하는 사람, 9 평화주의자이다.

사람들의 각 유형은 주 유형에 보조 유형이 섞여 있다. 진단하는 설문이 매우 합리적으로 자신을 진단하는 데 유용하고 자신의 유형 장점을 키우고 단점을 보완하는 방법을 제공해 준다. 자신을 파

  직업 선택 학과 선택

악하는 데 큰 도움이 된다.

- 한국고용정보원(www.keis.or.kr), **「한국의 직업 전망 2022」**

「2022 한국직업 전망」은 기계, 재료, 전기 전자에너지, 식품가공, 화학, 섬유 및 의복 등 총 6개 분야 100여 개 직업에 대한 세부 정보와 향후 10년간의 일자리 전망을 포함하고 있다.

인구구조 및 노동인구 변화, 가치관과 라이프스타일 변화, 기업의 경영전략 변화, 산업 특성 및 산업구조 변화 등 각 직업의 향후 일자리의 증감에 영향을 미치는 주요 요인을 제시함으로써 진로 고민이 한창인 청소년에서부터 생애 첫 직업 선택을 앞두고 있는 청년 구직자, 본인의 일 경험과 역량을 새롭게 발휘하기 위해 인생 설계를 하고 있는 중장년 등 진로탐색과 경력설계 정보가 필요한 사람 누구나 참조할 수 있다. 인터넷 자료이다.

- 『**중 · 고등학교 진로와 직업**』교재
  · 김성길 외 4인, 중학교 진로와 직업, ㈜이오북스, 2017
  · 김신영 외 5인, 중학교 진로와 직업, 동아출판, 2017
  · 김재호 외 8인, 중학교 진로와 직업, 천재교과서, 2018
  · 양운택 외 10인, 중학교 진로와 직업, ㈜중앙교육, 2018
  · 이용순 외 9인, 중학교 진로와 직업, MiraeN, 2023
  · 손은령 외 5인, 중학교 진로와 직업, 비상교육, 2017
  · 김재호 외 5인, 고등학교 진로와 직업, 천재교과서, 2023

· 양운택 외 10인, 고등학교 진로와 직업, 와이비엠, 2018

· 이용순 외 9인, 고등학교 진로와 직업, MiraeN, 2018

236

- 기타 참고도서

· 이의용, 『대학생 인생설계 워크북 2.0』, 학지사, 2021

· 팀클라크 외2인/유태준 외 역, 『YOU- 10년 후 미래를 바꾸는 단 한 장의 인생설계도』, 교보문고, 2013

· 질다 치아루폴리/이승수 역, 『초등학생을 위한 미래 직업 대탐험 101』, 북멘토, 2023

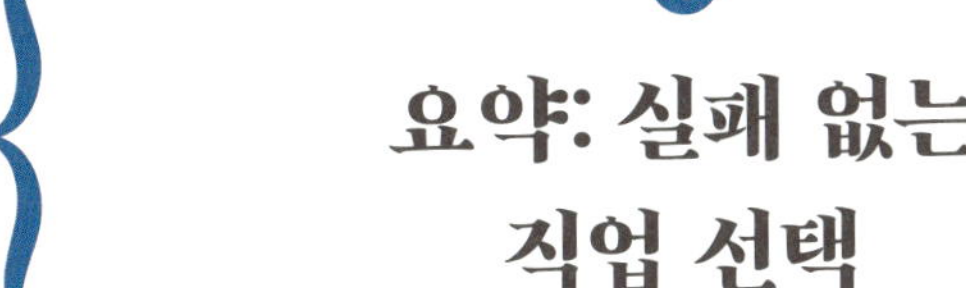

: 0. 직업 성공 전제조건

· 어려서부터 자신감, 사회성, 인내심 기르기

: 1. 내가 희망하는 직업에 관심 갖기

· 초등학교 5학년, 중학교

: 2. 정확한 자신 진단

· 적성 · 흥미 · 가치관 검사

· 주변 사람들의 '나' 평가에 의한 직업 추천

· 가업 승계, 주변 인맥 · 환경조사

· 신체 적합도 조사

· 학습능력 적합도 조사

· 경제여건과 부모 희망 조사

3. 직업과 자격증 취득 정보로 최종 직업 선택

· 직업 정보조사

· 자격증 정보조사

· 교육훈련 정보

· 직장 정보조사

· 전문 직업인, 커리어넷 등 상담

4. 진로와 취업 경로 선택

5. 취업 준비 몰입-실행계획서(작성 즉시 이행)

부록 1

한국의 직업 종류

자료: 고용노동부 한국고용연구원 인터넷 자료 「직업진로정보서」(2021년 7월)

0 경영 · 사무 · 금융 · 보험직

01 관리직(임원 · 부서장)

011 의회의원 · 고위공무원 및 기업 고위임원
0111 의회의원 · 고위공무원 및 공공단체임원

0112 기업 고위임원

012 행정 · 경영 · 금융 · 보험 관리자
0121 정부행정 관리자

0122 경영지원 관리자

0123 마케팅 · 광고 · 홍보 관리자

0124 금융 · 보험 관리자

013 전문서비스 관리자
0131 연구 관리자

0132 교육 관리자

0133 법률 · 경찰 · 소방 · 교도 관리자

0134 보건 · 의료 관리자

0135 사회복지 관리자

0136 예술 · 디자인 · 방송 관리자

0137 정보통신 관리자

0139 부동산 · 조사 · 인력알선 및 기타 전문서비스 관리자

014 미용 · 여행 · 숙박 · 음식 · 경비 · 청소 관리자
0141 미용 · 여행 · 숙박 · 스포츠 관리자

0142 음식서비스 관리자

0143 경비 · 청소 관리자

1. 연구직 및 공학 기술직

2. 교육 · 법률 · 사회복지 · 경찰 · 소방직 및 군인

21 교육직

2142 컴퓨터 강사

2143 기술 · 기능계 강사

2144 예능 강사

2145 학습지 · 교육교구 방문강사

2149 기타 문리 · 기술 및 예능 강사

215 장학관 및 기타 교육 종사자

2151 장학관 · 연구관 및 교육 전문가

2152 대학 교육 조교(연구 조교 포함)

2153 교사보조 및 보육보조 서비스 종사원

22 법률직

221 법률 전문가

2211 판사 및 검사

2212 변호사

2213 법무사 및 집행관

2214 변리사

2219 기타 법률 전문가

222 법률 사무원

2220 법률 사무원

23 사회복지 · 종교직

231 사회복지사 및 상담사

2311 사회복지사

2312 상담 전문가

2313 청소년 지도사

2314 직업상담사

 직업 선택 학과 선택

3072 위생사

3073 안경사

3074 의무기록사

3075 간호조무사

3076 안마사

3079 기타 보건 · 의료 종사원

4. 예술 · 디자인 · 방송 · 스포츠직

41 예술 · 디자인 · 방송직

411 작가 · 통번역가

4111 작가

4112 번역가 및 통역가

4113 출판물 전문가

412 기자 및 언론 전문가

4120 기자 및 언론 전문가

413 학예사 · 사서 · 기록물관리사

4131 학예사 및 문화재 보존원

4132 사서 및 기록물 관리사

414 창작 · 공연 전문가(작가, 연극 제외)

4141 화가 및 조각가

4142 사진작가 및 사진사

4143 만화가 및 만화영화 작가

4144 국악인 및 전통 예능인

4145 지휘자, 작곡가 및 연주가

4203 경기 심판 및 경기 기록원

4204 스포츠강사, 레크리에이션강사 및 기타 관련 전문가

4209 기타 스포츠 및 여가서비스 종사원

5. 미용 · 여행 · 숙박 · 음식 · 경비 · 청소직

51 미용 · 예식 서비스직

511 미용 서비스원

5111 이용사

5112 미용사

5113 피부 및 체형 관리사

5114 메이크업 아티스트 및 분장사

5115 반려동물 미용 및 관리 종사원

5119 기타 미용 서비스원

512 결혼 · 장례 등 예식 서비스원

5121 결혼상담원 및 웨딩플래너

5122 혼례 종사원

5123 장례 지도사 및 장례 상담원

5124 점술가 및 민속신앙 종사원

5129 기타 개인 생활 서비스원

52 여행 · 숙박 · 오락 서비스직

521 여행 서비스원

5211 여행상품 개발자

5212 여행 사무원

54 경호 · 경비직

541 경호 · 보안 종사자

5411 경호원

5412 청원경찰

5413 시설 · 특수 경비원

5419 기타 경호 · 보안 종사원

542 경비원

5420 경비원(건물 관리원)

55 돌봄 서비스직(간병 · 육아)

550 돌봄 서비스 종사자

5501 요양 보호사 및 간병인

5502 육아 도우미

56 청소 및 기타 개인서비스직

561 청소 · 방역 및 가사 서비스원

5611 청소원

5612 환경미화원 및 재활용품 수거원

5613 배관 세정원 및 방역원

5614 구두 미화원

5615 세탁원(다림질원)

5616 가사 도우미

562 검침 · 주차관리 및 기타 서비스 단순 종사자

5621 계기 검침원 및 가스 점검원

5622 자동판매기 관리원

5623 주차 관리 · 안내원

5624 검표원

5629 기타 서비스 단순 종사원

6. 영업 · 판매 · 운전 · 운송직

61 영업 · 판매직

611 부동산 컨설턴트 및 중개인

6110 부동산 컨설턴트 및 중개인

612 영업원 및 상품중개인

6121 기술 영업원

6122 해외 영업원

6123 자동차 영업원

6124 제품 · 광고 영업원

6125 상품 중개인 및 경매사

6129 기타 기술 영업 · 중개 종사원

613 텔레마케터

6130 텔레마케터

614 소규모 상점 경영 및 일선 관리 종사자

6140 소규모 상점 경영 및 일선 관리 종사원

615 판매 종사자

6151 상점 판매원

6152 통신 기기 · 서비스 판매원

6153 온라인 판매원

6154 상품 대여원

6155 노점 및 이동 판매원

6156 방문 판매원

6157 주유원(가스충전원)

616 매장계산원 및 매표원

6161 매장 계산원 및 요금 정산원

6162 매표원 및 복권 판매원

617 판촉 및 기타 판매 단순 종사자

6171 홍보 도우미 및 판촉원

6179 기타 판매 단순 종사원

62 운전 · 운송직

621 항공기 · 선박 · 철도 조종사 및 관제사

6211 항공기 조종사

6212 선장, 항해사 및 도선사

6213 철도 · 전동차 기관사

6214 관제사

6219 기타 철도운송 종사원

622 자동차 운전원

6221 택시 운전원

6222 버스 운전원

6223 화물차 · 특수차 운전원

6229 기타 자동차 운전원

623 물품이동장비 조작원(크레인 · 호이스트 · 지게차)

6230 물품이동장비 조작원(크레인 · 호이스트 · 지게차)

624 택배원 및 기타 운송 종사자

6241 택배원

6242 우편물 집배원

6243 선박승무원 및 관련 종사원(선박객실 승무원 제외)

6244 하역 · 적재 종사원

6249 기타 배달원

7. 건설 · 채굴직

70 건설 · 채굴직

701 건설구조 기능원

7011 강구조물 가공원 및 건립원

7012 경량철골공

7013 철근공

7014 콘크리트공

7015 건축 석공

7016 건축 목공

7017 조적공 및 석재부설원

7019 기타 건설 구조 기능원

702 건축마감 기능원

7021 미장공

7022 방수공

7023 단열공

7024 바닥재 시공원

7025 도배공 및 유리 부착원

7026 건축 도장공

7027 새시 조립 · 설치원

7029 기타 건축 마감 기능원

703 배관공

7031 건설 배관공

7032 공업 배관공

7039 기타 배관공

704 건설 · 채굴 기계 운전원

7040 건설 · 채굴 기계 운전원

705 기타 건설 기능원(채굴포함)

7051 광원, 채석원 및 석재 절단원

7052 철로 설치 · 보수원

7059 기타 채굴 · 토목 종사원

706 건설 · 채굴 단순 종사자

7060 건설 · 채굴 단순 종사원

8. 설치 · 정비 · 생산직

81 기계 설치 · 정비 · 생산직

811 기계장비 설치 · 정비원(운송장비 제외)

8111 공업기계 설치 · 정비원

8112 승강기 설치 · 정비원

8113 물품이동장비 설치 · 정비원

8114 냉동 · 냉장 · 공조기 설치 · 정비원

8115 보일러 설치 · 정비원

8116 건설 · 광업 기계 설치 · 정비원

8119 농업용 및 기타 기계장비 설치 · 정비원

812 운송장비 정비원

8121 항공기 정비원

8122 선박 정비원

8123 철도기관차 · 전동차 정비원

8124 자동차 정비원

8129 기타 운송장비 정비원

813 금형원 및 공작기계 조작원

8131 금형원

8132 금속 공작기계 조작원

814 냉 · 난방 설비 조작원

8140 냉 · 난방 설비 조작원

815 자동조립라인 · 산업용로봇 조작원

8150 자동조립라인 · 산업용로봇 조작원

816 기계 조립원(운송장비 제외)

8161 일반기계 조립원

8162 금속기계부품 조립원

817 운송장비 조립원

8171 자동차 조립원

8172 자동차 부분품 조립원

8173 운송장비 조립원

82 금속·재료 설치·정비·생산직(판금·단조·주조·용접·도장 등)

821 금속관련 기계 · 설비 조작원
8211 금속가공 제어장치 조작원

8212 금속가공 기계 조작원

822 판금원 및 제관원
8221 판금원

8222 판금기조작원

8223 제관원

8224 제관기조작원

823 단조원 및 주조원
8231 단조원

8232 단조기조작원

8233 주조원

8234 주조기조작원

824 용접원
8241 용접원

8242 용접기조작원

825 도장원 및 도금원
8251 도장원(도장기조작원)

8252 도금 · 금속분무기 조작원

826 비금속제품 생산기계 조작원
8261 유리 · 유리제품 생산기계 조작원

8262 점토제품 생산기계 조작원

8263 시멘트 · 광물제품 생산기계 조작원

8264 광석 · 석제품 생산기계 조작원

8269 기타 비금속제품 생산기계 조작원

83 전기 · 전자 설치 · 정비 · 생산직

831 전기공

8311 산업 전기공

8312 내선 전기공

8313 외선 전기공

832 전기 · 전자기기 설치 · 수리원

8321 사무용 전자기기 설치 · 수리원

8322 가전제품 설치 · 수리원

8329 기타 전기 · 전자 기기 설치 · 수리원

833 발전 · 배전 장치 조작원

8330 발전 · 배전 장치 조작원

834 전기 · 전자 설비 조작원

8340 전기 · 전자 설비 조작원

835 전기 · 전자 부품 · 제품 생산기계 조작원

8351 전기 부품 · 제품 생산기계 조작원

8352 전자 부품 · 제품 생산기계 조작원

836 전기 · 전자 부품 · 제품 조립원

8360 전기 · 전자 부품 · 제품 조립원

861 섬유 제조 · 가공 기계 조작원

8611 섬유 제조기계 조작원

8612 직조기 · 편직기 조작원

8613 표백 · 염색기 조작원

862 패턴사, 재단사 및 재봉사

8621 패턴사

8622 재단사

8623 재봉사

8629 기타 섬유 · 가죽 기능원

863 의복 제조원 및 수선원

8631 한복 제조원

8632 양장 · 양복 제조원

8633 모피 · 가죽의복 제조원

8634 의복 · 가죽 · 모피 수선원

8639 기타 의복 제조원

864 제화원, 기타 섬유 · 의복 기계 조작원 및 조립원

8641 제화원

8642 신발 제조기계 조작원 및 조립원

8643 세탁 기계 조작원

8649 기타 직물 · 신발 기계 조작원 및 조립원

87 식품 가공 · 생산직

871 제과 · 제빵원 및 떡제조원

8711 제과 · 제빵원

8712 떡 제조원

 직업 선택 학과 선택

872 식품 가공 기능원

8721 정육원 및 도축원

8722 김치 · 밑반찬 제조 종사원

8723 식품 · 담배 등급원

8729 기타 식품 가공 종사원

873 식품 가공 기계 조작원

8731 육류 · 어패류 · 낙농품 가공기계 조작원

8732 제분 · 도정 기계 조작원

8733 곡물 가공제품 기계 조작원

8734 과실 · 채소 기계 조작원

8735 음료 제조기계 조작원

8739 기타 식품 가공 기계 조작원

88 인쇄 · 목재 · 공예 및 기타 설치 · 정비 · 생산직

881 인쇄기계 · 사진현상기 조작원

8811 인쇄기계 조작원

8812 사진 인화 · 현상기 조작원(사진수정 포함)

882 목재 · 펄프 · 종이 생산기계 조작원

8821 목재 가공기계 조작원

8822 펄프 · 종이 제조장치 조작원

8823 종이제품 생산기계 조작원

8829 기타 목재 · 종이 기계 조작원

883 가구 · 목제품 제조원

8831 가구 제조 · 수리원

8832 가구 조립원

8833 목제품 제조원

9. 농림어업직

90 농림어업직

9022 가축 사육 종사원

9029 기타 낙농·사육 종사원

903 임업 종사자

9031 조림·산림경영인 및 벌목원

9039 임산물 채취 및 기타 임업 종사원

904 어업 종사자

9041 양식원

9042 어부 및 해녀

905 농림어업 단순 종사자

9050 농림어업 단순 종사원

자격증은 국가자격증, 민간자격증과 외국자격증으로 구분

자격증은 변화되기 때문에 현재 상태를 큐넷에서 확인 필요

자격증은 국가자격증, 민간자격증과 외국자격증으로 구분

국가자격증은 국가기술자격증과 국가전문자격증으로 구분

자격증은 변화되기 때문에 현재 상태를 큐넷에서 확인 필요

부록 2

국가·민간자격증 종류

1. 국가기술자격

'큐넷' → 국가자격시험 → 자격정보 → 국가자격종목별상세정보 → 국가기술자격

기술분야는 숙련도에 따라서

기능사-산업기사-기사-기능장-기술사로 구분하며

분야에 따라서 일부 자격증까지만 제한되기도 한다.

경영 · 회계 · 사무

사회조사분석 1, 2급, 소비자전문상담사 1, 2급, 컨벤션기획사 1, 2급,
품질경영산업기사 · 기술사, 품질관리기사 · 기술사, 포장산업기사 · 기
사 · 기술사

보건의료

국제의료관광코디네이터, 임상심리사 1, 2급

사회복지 · 종교

직업상담사 1, 2급

문화 · 예술 · 디자인 · 방송

시각디자인산업기사 · 기사, 웹디자인기능사, 제품디자인산업기사 · 기
사 · 기술사, 제품응용모델링기능사, 컬러리스트산업기사 · 기사, 컴퓨
터그래픽스운용기능사

운전 · 운송

농기계운전기능사, 철도운송산업기사

영업판매

텔레마케팅관리사

이 · 미용

미용사(네일, 메이크업, 일반, 피부), 미용장, 이용사, 이용장

스포츠

스포츠경영관리사

음식서비스

복어조리기능사 · 산업기사, 양식조리기능사 · 산업기사, 일식조리산

업기능사 · 기사, 조리기능장, 조주기능사, 중식조리기능사 · 산업기사, 한식조리기능사 · 산업기사

건설

유리시공, 도배, 미장, 타일, 철근, 조적, 온수온돌, 비계 기능사, 방수기능사 · 산업기사, 실내건축기능사 · 산업기사 · 기사, 건축품질시험기술사

토목

토목기사 · 산업기사 · 구조기술사, 시공기술사, 도화기능사, 석공기능사, 토목산업기사 · 기사, 건설재료시험기능사 · 산업기사 · 기사, 공간정보융합기능사 · 산업기사, 농어업토목기술사, 도로 및 공항기술사, 상수도기술사, 수자원개발기술사, 응용지질기사, 잠수기능사 · 산업기사 · 기능장, 전산응용토목제도기능사, 지도제작기능사, 지적기능사 · 산업기사 · 기사 · 기술사, 지질 및지반 기술사, 철도토목기능사 · 기사 · 기술사, 측량기능사, 측량 및 지형공간정보산업기사 · 기사 · 기술사, 콘크리트기능사 · 산업기사 · 기사, 품질시험기술사, 토목 및 기초기술사, 항공사진기능사, 항로표지기능사 · 산업기사 · 기사, 항만 및 해안기술사, 해양공학기사, 해양기술사, 해양자원개발기사, 해양조사산업기사, 해양환경기사

조경

조경기능사 · 산업기사 · 기사 · 기술사

도시교통

교통산업기사 · 기사 · 기술사, 도시계획기사 · 기술사

건설배관

배관기능사 · 산업기사 · 기능장

건설기계운전

굴착기운전기능사, 기중기운전기능사, 로더운전기능사, 롤러운전기능사, 불도저운전기능사, 양회장치운전기능사, 지게차운전기능사, 천공기운전기능사, 천장크레인운전기능사, 켄테이너크레인운전기능사, 타워크레인운전기능사

광업

화약취급기능사, 화약류관리산업기사 · 기사 · 기술사

기계

공유압기능사, 기계가공기능장, 기계가공조립기능사, 기계기술사, 기계설계산업기사 · 기사, 일반기계기사, 전산응용기계제도기능사, 정밀측정기능사 · 산업기사, 컴퓨터응용가공산업기사, 컴퓨터응용밀링기능사, 컴퓨터응용선반기능사, 건설기계기술사, 건설기계설비기사 · 산업기사, 건설기계정비기능사 · 기사 · 기능장, 공조냉동기계기능사 · 산업기사 · 기사 · 기술사, 궤도장비정비기능사 · 산업기사 · 기사, 기계정비기능사 · 산업기사, 농기계정비기능사 · 산업기사 · 기사, 반도체장비유지보수기능사, 산업기계설비기술사, 생산자동화기능사 · 산업기사, 설비보존기능사 · 기사, 승강기기능사 · 산업기사 · 기사, 전자부품장착기능사 · 산업기사, 철도차량정비기능사, 철도차량산업기사 · 기사, 철도차량정비기능장, 철도차량기술사, 조선산업기사 · 기사 · 기술사, 조선선체기사, 조선의장기사, 전산응용조선제도기능사, 선체건조기능사, 동력기계정비기능사, 항공기체정비기능사, 항공장비정비기능사, 항공전자정비기능사, 항공산업기사 · 기사, 항공기관기술사, 그린전동자동차기사, 자동차보수도장기능사, 자동차정비기능사 · 산업기사 · 기사 · 기능장, 자동차차체수리기능사, 차량기술사, 금형기능사 · 기술사, 금형제작기능장, 사출금형산업기사, 사출금형설계기사, 프레스금형산업기사, 프레스금형설계기사

금속재료

압연기능사, 제강기능사 · 기능장, 제선기능사 · 기능장, 축로기능사, 금속가공기술사, 금속재료시험기능사, 금속재료기사 · 산업기사 · 기능장 · 기술사, 금속재련시험기능사 · 산업기사 · 기술사, 세라믹기술사, 압연기능사, 압연기능장, 열처리기능사, 재료조직평가산업기사, 금속재창호기능사, 판금제관기능사 · 산업기사 · 기능장, 플라스틱창호기능사, 원형기능사, 주조기능사 · 산업기사 · 기능장, 용접기능사 · 산업기사, 기사 · 기능장 · 기술사, 특수용접기능사, 광고도장기능사, 금속도장기능사, 표면처리기능사 · 산업기사 · 기능장 · 기술사

정보통신

정보처리기능사 · 산업기사 · 기사, 멀티미디어콘텐츠제작전문가, 사무자동화산업기사, 전자계산기조직응용기사, 정보관리기술사, 정보기기운용기능사, 컴퓨터시스템응용기술사

식품

수산제조기사 · 기술사, 식품가공기능사 · 기사, 식품산업기사 · 기사 · 기술사, 떡제조기능사, 제과기능사 · 산업기사 · 기능장, 제빵기능사 · 산업기사

인쇄 · 목재 · 가구 · 공예

사진기능사, 인쇄기능사 · 산업기사 · 기사, 전자출판기능사, 가구제작기능사 · 산업기사, 귀금속가공기능사 · 산업기사 · 기사, 도자기공예기능사, 목공예기능사, 보석가공기능사, 보석가공산업기사, 감정사, 보석디자인산업기사, 석공예기능사, 피아노조율기능사 · 산업기사

농림어업

종자기능사 · 산업기사 · 기사 · 기술사, 화훼장식기능사 · 산업기사 · 기사, 유기농업기능사 · 산업기사 · 기사, 원예기능사, 시설원예기사 · 기술사, 농화학기술사, 축산기능사 · 산업기사 · 기사 · 기능사, 식육처

리기능사, 산림기능사 · 산업기사 · 기사 · 기술사, 버섯종균기능사, 버섯산업기사, 식물보호산업기사 · 기사, 임산가공기능사 · 산업기사 · 기사, 임업종묘기능사 · 기사, 수산양식기능사 · 산업기사 · 기사 · 기술사, 어로산업기사 · 기술사, 어업생산관리기사

안전관리

가스기능사 · 산업기사 · 기사 · 기능장 · 기술사, 건설안전산업기사 · 기사 · 기술사, 기계안전기술사, 농업안전보건기사, 방재기사, 산업안전산업기사 · 기사, 산업위생관리산업기사 · 기사 · 기술사, 소방기술사, 소방설비기사(기계), 소방설비기사(전기), 소방설비산업기사(기계), 소방설비산업기사(전기), 인간공학기사 · 기술사, 전기안전기술사, 화공안전기술사, 화재감식평가산업기사 · 기사, 누설비파괴검사기사, 방사선비파괴검사기능사 · 산업기사 · 기사, 비파괴검사기술사, 와전류비파괴검사기사, 자기비파괴검사기능사 · 산업기사 · 기사, 초음파비파괴검사기능사 · 산업기사 · 기사, 침투비파괴검사기능사 · 산업기사 · 기사

환경에너지

농림토양평가관리산업기사, 대기환경산업기사 · 기사, 대기관리기술사, 생물분류기사(동물), 생물분류기사(식물), 소음진동산업기사 · 기사 · 기술사, 수질환경산업기사 · 기사, 수질관리기술사, 온실가스관리산업기사 · 기사, 자연생태복원산업기사 · 기사, 자연환경관리기술사, 토양환경기사 · 기술사, 폐기물처리산업기사 · 기사 · 기술사, 환경기능사, 환경위해관리기사, 기상감정기사, 기상기사, 기상예보보기술사, 신재생에너지발전설비기능사(태양광) · 산업기사 · 기사, 에너지관리기능사 · 산업기사 · 기사 · 기능장

향후에는 기업재난관리사, 도시농업관리사, 연구실안전관리사 자격증도 새로운 수요가 클 것으로 예상된다.

대한상공회의소

전산회계운용사 1, 2, 3급, 비서 1, 2, 3급, 워드프로세서, 컴퓨터활용
능력 1, 2급, 한글속기 1, 2, 3급

영화진흥위원회

영사산업기사 · 기사

한국광해광업공단

광산보안기능사 · 산업기사 · 기사, 시추기능사, 자원관리기술사, 광해
방지기사 · 기술사

한국데이터산업진흥원

빅데이터분석기사

한국디자인진흥원

서비스 · 경험디자인기사

한국방송통신전파진흥원

정보보안산업기사 · 기사

한국원자력안전기술원

방사선관리기술사, 원자력기사, 원자력발전기술사

한국콘텐츠진흥원

게임그래픽전문가, 게임기획전문가, 게임프로그래밍전문가

2. 국가전문자격

'큐넷' → 국가자격시험 → 자격정보 → 국가자격종목별상세정보 → 국가전문자격

보건복지부

사회복지사 1급, 장애인재활상담사 1, 2, 3급, 간호사, 간호조무사, 물리치료사, 방사선사, 보건교육사, 보건의료정보 관리사, 보육교사, 보조공학사, 안경사, 안마사, 약사, 언어재활사, 영양사, 요양보호사, 위생사, 응급구조사, 의사, 의지보조기기사, 임상병리사, 작업치료사, 장례지도사, 정신건강간호사, 정신건강사회복지사, 정신보건임상심리사, 조산사, 치과기공사, 치과위생사, 치과의사, 한약사, 한약조제사, 한의사

환경부

정수시설운영관리사 1, 2, 3급, 사회환경교육지도사 1, 2급, 환경영향평가사, 환경측정분석사

고용노동부

공인노무사, 산업보건지도사(산업위생공학), 산업보건지도사(직업환경의학), 산업안전지도사(건설안전), 산업안전지도사(기계안전), 산업안전지도사(전기안전), 산업안전지도사(화공안전), 직업능력개발훈련교사

해양수산부

수산물품질관리사, 감정사, 검량사, 검수사, 고속구조정조종사, 구 · 정조종사, 기관사, 도선사, 소형선박조종사, 수면비행선박조종사, 수산질

병관리사, 운항사, 통신사, 항해사

중소벤처기업부

경영지도사(1차공통), 경영지도사(마케팅), 경영지도사(생산관리), 경영지
도사(인적자원관리), 경영지도사(재무관리), 기술지도사(1차공통), 기술지
도사(기술혁신관리), 기술지도사(정보기술관리)

경찰청

기계경비지도사, 일반경비지도사, 자동차운전기능검정원, 자동차운전
면허, 자동차운전전문강사

공정거래위원회

가맹거래사

문화체육관광부

관광통역안내사(영어 외 12개국어), 국내여행안내사, 박물관 및 미술관
준학예사, 한국어교육능력검정시험, 호텔경영사, 호텔관리사, 호텔서
비스사, 생활스포츠지도사 1, 2급, 장애인스포츠지도사 1, 2급, 전문스
포츠지도사 1, 2급, 무대예술전문인, 문화예술교육사, 사서, 유소년스
포츠지도사, 한국어교원 1, 2, 3급

문화재청

국가유산수리기능자(가공석공, 대목수, 도금공, 드잡이공, 모사공, 목조각공,
박제 및 표본제작공, 번와와공, 보존처리공, 석조각공, 세척공, 소목수, 식물보
호공, 실측설계사보, 쌓기석공, 온돌공, 제작와공, 조경공, 철물공, 칠공, 표구공,
한식미장공, 화공, 훈증공, 단청, 보수, 보존과학, 식물보호, 실측설계, 조경)

관세청

관세사, 보세사

     직업 선택 학과 선택

여성가족부

청소년상담사 1, 2, 3급, 청소년지도사 1, 2, 3급

행정안전부

외국어번역행정사, 일반행정사, 해사행정사, 기록물관리 전문요원, 기업재난관리사, 방재전문인력

농림축산식품부

경매사(수산, 약용, 양곡, 청과, 축산, 화훼), 농산물품질관리사, 손해평가사, 가축인공수정사, 농산물검사원, 말조련사, 수의사, 장제사, 재활승마지도사

국토교통부

감정평가사, 공인중개사, 물류관리사, 주택관리사보, 건축물에너지평가사, 건축사, 교통안전관리자, 버스운전자, 사업용 조종사, 운송용 조종사, 자가용 조종사, 철도차량운전면허, 초경량비행장치 조종자, 택시운전자격, 항공교통관제사, 항공기관사, 항공사, 항공영어구술능력증명, 항공운항관리사, 항공정비사, 화물운송종사자

소방청

소방시설관리사, 소방안전교육사, 소방안전관리자 1, 2, 3급, 특수소방안전관리자

국세청

세무사, 주류제조관리사

특허청

변리사

산림청

산림치유지도사 1, 2급, 나무의사, 목구조관리기술자, 목구조시공기술자, 목재교육전문가, 산림교육전문가, 수목치료기술자

농촌진흥청

치유농업사

국방부

국방무인기조작사, 국방보안관리사, 국방사업관리사, 낙하산전문포장사, 수중무인기조종사, 수중발파사, 심해잠수사, 영상판독사, 폭발물처리사, 함정손상통제사, 항공장구관리사, 헬기정비사

방송통신위원회

무선통신사, 아마추어무선기사

과학기술정보통신부

방사선취급감독자면허, 방사선동위원소취급자일반면허, 방사선동위원소취급자특수면허, 연구실안전관리사, 원자로조종감독자면허, 원자로조종사면허, 핵연료물질취급면허(감독자), 핵연료물질취급면허(취급자)

산업통상자원부

유통관리사

교육부

보건교사, 사서교사, 실기교사, 영양교사, 전문상담교사, 정교사, 준교사, 평생교육사

해양경찰청

동력수상레저기구조종면허, 수상구조사

법무부

변호사

법원행정처

법무사

금융위원회

공인회계사, 보험계리사, 보험중계사, 손해사정사

3. 국가공인 민간자격

'큐넷' → 자격정보 → 민간자격 → 국가공인민간자격

(사)대한병원행정관리자협회: 병원행정사

(사)범국민예의생활실천운동본부: 실천예절지도사

(사)보험연수원: 개인보험심사역, 기업보험심사역

(사)신용정보협회: 신용관리사

(사)한국경비협회: 신변보호사

(사)한국국어능력평가협회: 한국실용글쓰기검정(1, 2, 준2, 3, 준3급)

(사)한국금융연수원: CRA(신용위험분석사), 국제금융역, 신용분석사, 여신심사역, 외환전문역 I, II종(CFES I, II), 자산관리사

(사)한국농아인협회: 수화통역사

(사)한국분재조합: 분재관리사(1, 2급, 전문관리사)

(사)한국소프트웨어저작권협회: 소프트웨어자산관리사(C_SAM)(2급)

(사)한국수목보호연구회: 수목보호기술자

(사)한국시각장애인연합회: 점역교정사(1, 2, 3급)

(사)한국애견협회: 반려견스타일리스트

(사)한국어문회: 한자능력급수(특급, 특급 II, 1, 2, 3, II급)

(사)한국에너지기술인협회: 지역난방설비관리사

(사)한국자동차진단보증협회: 자동차진단평가사자격증(1, 2급)

(사)한국정보관리협회: 한자어능력

(사)한국정보통신진흥협회: 디지털정보활용능력(DIAT)(초, 중, 고급), 리눅스마스터 (1, 2급), 인터넷정보관리사(전문가, 1, 2급)

(사)한국정보평가협회: CS Leaders(관리사), PC Master(정비사)

(사)한국조경수협회: 조경수조성관리사(2, 3급)

(사)한국종이접기협회: 종이접기마스터

(사)한국주거학회: 실내디자이너, 주거복지사

(사)한국지능형사물인터넷협회: RFID기술자격검정(RFID–GL, RFID–SL)

(사)한국직업연구진흥원: 샵마스터(3급)

(사)한국창의인성교육연구원: E–TEST Professionals(1, 2, 3, 4급)

· 실용수학(1급, 2급, 3급)

(사)한국평생교육평가원: 한국영어검정(TESL)(1, 2, 2A급)

· 한국한자검정(1, 2, 3, 준3급)

(사)한국포렌식학회/한국인터넷진흥원: 디지털포렌식전문가(2급)

(사)한국행정관리협회: 행정관리사(1, 2, 3급)

(사)한자교육진흥회: 한자 · 한문지도사(특, 1, 2, 3급)

· 한자실력급수(사범, 1, 2, 3급)

⒥국제원산지정보원: 원산지관리사(원산지관리사 자격증 소개)

⒥서울대학교발전기금TEPS관리위원회: TEPS(영어능력검정)(1+, 1, 2, 2+급)

㈜와이비엠: YBM 商務漢檢

㈜이에스피평가아카데미: 영어회화능력평가시험(ESPT-성인 1급, 2급)

㈜피씨티: PC활용능력평가시험(PCT)(A, B급)

KBS한국방송공사: KBS한국어능력시험(성인: 1, 2+, 2-, 3+, 3-, 4+)

국제뇌교육종합대학원대학교: 브레인트레이너

대한상공회의소

- FLEX 독일어, 러시아어, 스페인어, 영어, 일본어, 중국어, 프랑스어(듣기/읽기)
  (1(A~C), 2(A~C), 3(A~C)급), 무역영어(1, 2, 3급), 상공회의소 IT +(레벨1~5),
  상공회의소 한자(1, 2, 3급)

대한정보통신기술(합): 정보기술프로젝트관리전문가(IT-PMP)

도로교통공단: 도로교통사고감정사

매일경제신문사: 경제금융이해력인증시험(틴매경 TEST)(A+, A, B), 매경TEST(최우
수, 우수)

삼일회계법인: 재경관리사, 회계관리(1, 2급)

신용회복위원회: 신용상담사

한국경제신문사: 경제이해력검증시험(TESAT)(S급, 1, 2, 3급), 청소년경제이해력검
증시험(J-TESAT)(S급, 1, 2, 3급)

한국공인회계사회: AT자격시험(FAT 1, 2급, TAT 1, 2급)

한국냉동공조산업협회: 시스템에어컨설계시공관리사

     직업 선택 학과 선택

한국농어촌공사: 농어촌개발컨설턴트

한국데이터산업진흥원: SQL(전문가, 개발자), 데이터분석전문가, 데이터분석준전문가, 데이터아키텍처전문가

한국발명진흥회: 지식재산능력시험(1, 2, 3, 4급)

한국산업기술보호협회: 산업보안관리사

한국생산성본부: ERP물류정보 · 생산정보 · 인사정보 · 회계정보관리사(1, 2급), GTQ(1, 2급), IEQ(인터넷윤리자격)(지도사), SMAT서비스경영자격(1, 2, 3급)

· 정보기술자격(ITQ) 시험(A, B, C급)

한국세무사회: 세무회계(1, 2, 3급), 전산세무회계(전산세무 1, 2급, 전산회계 1, 2급)

한국열쇠협회: 열쇠관리사(1, 2급)

한국옥외광고협회: 옥외광고사(2급)

한국의료기기안전정보원: 의료기기RA전문가(2급)

한국정보통신기술협회: SW테스트전문가(CSTS)(일반등급)

한국정보통신자격협회: PC정비사(1, 2급), 네트워크관리사(2급)

한국정보화진흥원: 정보시스템감리사

한국한자한문능력개발원: 한자능력자격(1, 2, 준2, 3급)

부록 3

나의 미래 직업 노트 &
수능 수험생·대학 1학년을 위한
직업·전공 선택 계산서

유아 · 초등생의 자신감, 사회성, 인내심 기르기

이 책 1장(50~60쪽)을 읽고 자신이 쉽게 할 수 있는 것부터 한 가지씩 하세요.

구분	시작일	실천내용	나의 멘토	실천점검 ○ 실행 중 △ 예정
자신감 (이 책 52쪽)				
사회성 (55쪽)				
인내심 (57쪽)				

초등학교 · 유아기 흥미 · 적성검사

초등 5학년 담임선생님께서는 아이에게 여름방학에 '흥미검사' 과제를 주시고
아이는 검사과제(20분 내외 소요)를 함으로써 직업에 관심을 가지게 됩니다.
학부모님은 결과를 아이와 선생님과 이야기를 나누며 잠재력을 살펴갑니다.

검사 연월일(학년)	상담 · 검사 종류	나(아이)의 흥미, 적성	관심 직업
아이(나)가 닮고 싶은 사람	누구?	왜?	무엇을?

학부모 상담과 선생님 의견

방학 중(여름방학이 좋음)에 아이가 검사·조사한 결과를 담임선생님 또는 '커리어넷' 상담코너를 활용하면 큰 도움을 받을 수 있습니다.

	부모님 상담	선생님 의견
년 월 일		

직업 선택 학과 선택

중학교 직업심리검사 · 자기진단

이 책 2장(83, 115, 121, 124쪽)을 이용하면 쉽게 작성할 수 있습니다.

검사 · 조사 연월일	검사 · 조사 종류	특징	관심 직업
	진로심리검사		
	흥미, 가치관 검사		
	진로개발역량검사		
	어린 시절 회상		
	주변인 '나' 평가		
	가업승계		
	주변인맥 · 환경		
	나의 신체조건		
	가정환경 · 부모 의견		
	종합		

학부모 상담과 선생님 의견

중3 방학 중(여름방학이 좋음)에 아이가 검사·조사한 결과를 담임선생님 또는 '커리어넷' 상담코너를 활용하면 많은 도움을 받을 수 있습니다.

	부모님 상담	선생님 의견
년 원 일		

고등학교 직업심리검사 · 자기진단

이 책 2장(83, 87, 115, 121, 124쪽)을 이용하면 쉽게 작성할 수 있습니다.

검사 · 조사 연월일	검사 · 조사 종류	특징	관심 직업
	진로심리검사		
	흥미, 가치관 검사		
	진로개발역량검사		
	어린 시절 회상		
	주변인 '나' 평가		
	가업승계		
	주변인맥 · 환경		
	나의 신체조건		
	가정환경 · 부모 의견		
	종합		

학부모 상담과 선생님 의견

고1 방학 중(여름방학이 좋음)에 자녀가 검사·조사한 결과로 자녀가 담임선생님 상담
또는 '커리어넷' 상담코너를 활용하면 많은 도움을 받을 수 있습니다.

	부모님 상담	선생님 의견
년 월 일		

고1 방학 중(여름방학이 좋음)에 자녀가 검사·조사한 결과로 자녀가 담임선생님 상담
또는 '커리어넷' 상담코너를 활용하면 많은 도움을 받을 수 있습니다.

 직업 선택 학과 선택

수능 수험생 · 대학 1학년을 위한
직업 · 전공 선택 계산서

검사 · 조사 순서	검사 · 조사 종류	나의 관심 직업	참고 자료
나의 진단	· '커리어넷' 직업심리검사 **중 · 고등학생 아로플러스** · '고용24','MBTI' · 기타검사		이 책 83, 87, 103, 221쪽
	자기성찰과 희망 직업		114쪽
	주변 사람 추천 직업 (가족, 선생님, 친구, 지인)		121쪽
	가업승계, 부모 의견		124쪽
	주변 인맥, 미래 전망		124쪽
직업정보 조사	종합 A(중복 많은 직업 5개)		5개 직업 상세조사 (298쪽), 이용정보원 유튜브, 커리어넷, 고용24(94쪽), 선배 직업인
	종합 A 중 제외 직업 B – 장래성 없는 직업 – 신체조건, 가치관 부적합 – 학습능력, 보수 부적합 – 기타 부적합		
직업 선택	**최종선택직업 C**(A–B) 3 직종 내외		
대학 전공 선택 및 고등학교 진로 결정	· '커리어넷'진로 상담 · 대학진학 상담		· 커리어넷(85, 90쪽) · 진학상담실 · 부모님
종합			

· 일의 내용

· 직장 소재지

· 될 수 있는 방법

· 필요한 자격증 · 훈련

· 필요한 전공

· 신체적 조건

· 기타 필요 사항

· 감당해야 할 어려운 점

· 예상 수입

· 향후 전망

· 생활 균형

· 기타

나의 관심 직업 조사(2)

· 일의 내용

· 직장 소재지

· 될 수 있는 방법

· 필요한 자격증 · 훈련

· 필요한 전공

· 신체적 조건

· 기타 필요 사항

· 감당해야 할 어려운 점

· 예상 수입

· 향후 전망

· 생활 균형

· 기타

직업 선택 학과 선택

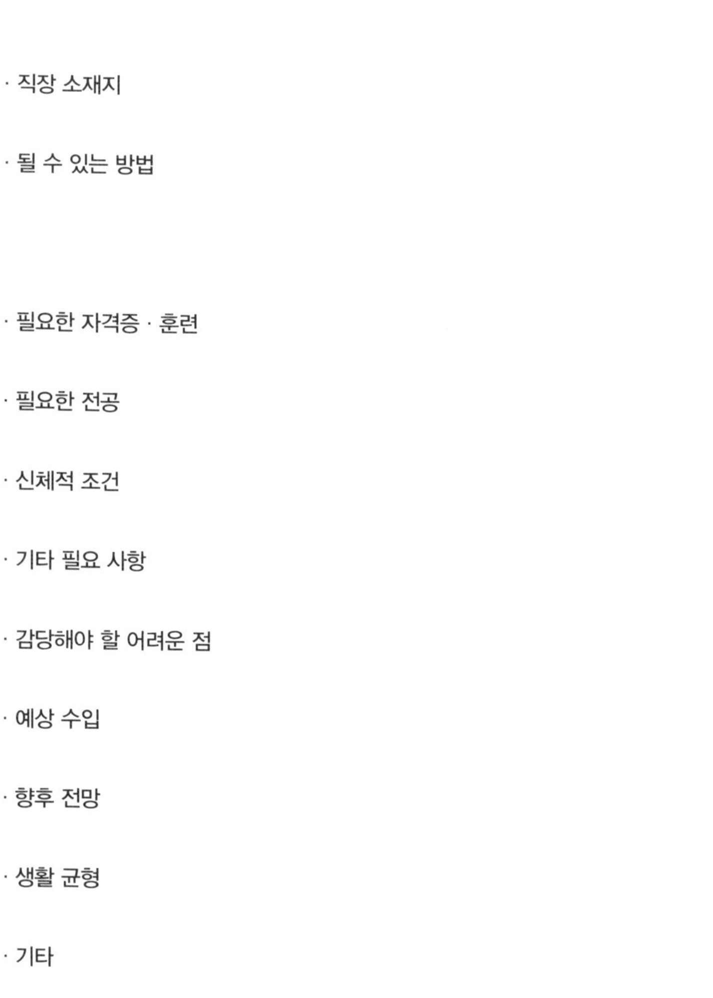

· 일의 내용

· 직장 소재지

· 될 수 있는 방법

· 필요한 자격증 · 훈련

· 필요한 전공

· 신체적 조건

· 기타 필요 사항

· 감당해야 할 어려운 점

· 예상 수입

· 향후 전망

· 생활 균형

· 기타

직업 선택
학과 선택

초판 1쇄 발행   2024. 11. 15.

지은이   안종수, 안진표, 안홍표, 박슬기
펴낸이   김병호
펴낸곳   주식회사 바른북스

편집진행   김재영
디자인   한채린

등록   2019년 4월 3일 제2019-000040호
주소   서울시 성동구 연무장5길 9-16, 301호 (성수동2가, 블루스톤타워)
대표전화   070-7857-9719 | **경영지원**   02-3409-9719 | **팩스**   070-7610-9820

•바른북스는 여러분의 다양한 아이디어와 원고 투고를 설레는 마음으로 기다리고 있습니다.

이메일   barunbooks21@naver.com | **원고투고**   barunbooks21@naver.com
홈페이지   www.barunbooks.com | **공식 블로그**   blog.naver.com/barunbooks7
공식 포스트   post.naver.com/barunbooks7 | **페이스북**   facebook.com/barunbooks7

ⓒ 안종수, 안진표, 안홍표, 박슬기, 2024
ISBN 979-11-7263-175-8 43370

안종수 010-2608-7009 | **이메일** jsahn7009@naver.com